Gabriele Haas, Rita Strackbein, Dirk Strackbein

ZUFRIEDENHEIT IST MACHBAR!

SELBSTTRAINING ZUR WORK-LIFE-BALANCE MIT CD-ROM

Hinweis zur beiliegenden CD-ROM
Die CD-ROM enthält Arbeitsblätter zu verschiedenen Themen des Buches.
Lauffähig auf PC und Mac.

Verlagsredaktion: Christine Schlagmann
Layout und technische Umsetzung: Christian Jackmuth, Düsseldorf
Umschlaggestaltung: Ellen Meister, Berlin
Titelfoto: © mother image / gettyimages
Illustrationen: Dorothee Wolters, Köln

Informationen über Cornelsen Fachbücher und Zusatzangebote:
www.cornelsen.de/berufskompetenz

1. Auflage

© 2009 Cornelsen Verlag Scriptor GmbH & Co. KG, Berlin

Druck: Druckhaus Thomas Müntzer, Bad Langensalza

ISBN 978-3-589-23608-4

 Inhalt gedruckt auf säurefreiem Papier aus nachhaltiger Forstwirtschaft.

INHALTSVERZEICHNIS

VORWORT

„Wer nicht zufrieden ist mit dem, was er hat, der wäre auch nicht zufrieden mit dem, was er haben möchte."

— *Berthold Auerbach*

Warum dieses Buch? Zugegeben, Bücher über Zufriedenheit, Glück, Glücklichsein gibt es viele. Mit unterschiedlichen Ansätzen widmen sich seit hunderten von Jahren Autoren und Philosophen der unterschiedlichsten Kulturkreise diesem spannenden und wichtigen Thema.

Haben wir jetzt dem bereits Geschriebenen noch etwas hinzuzufügen? Können wir hier noch neue Erkenntnisse bringen? Nein! Lesen Sie bitte trotzdem weiter!

In unserer langjährigen Erfahrung als Berater, Trainer und Coaches wurden wir mit der Thematik der Zufriedenheit immer wieder konfrontiert. Und eigentlich nicht mit der Zufriedenheit, sondern vielmehr mit der Unzufriedenheit. Viele Menschen sind unzufrieden. Mit sich, ihren Lebensumständen, ihrer Arbeitswelt, ihrer Umwelt und überhaupt. Vielleicht stimmt es sogar, dass die Zahl der unzufriedenen Menschen zunimmt. Aber wie will man kollektive Unzufriedenheit messen?

Wir möchten mit dieser deutsch-österreichischen Gemeinschaftsproduktion sehr pragmatisch – und eben weniger philosophisch – an das Thema Zufriedenheit herangehen. Die Grundlage bildet eine Geschichte von zwei Menschen, die zwar vollkommen frei erfunden ist, sich aber so oder so ähnlich immer wieder ergeben wird oder bereits ergeben hat. Sie ist im Grunde genommen unser roter Faden.

Wir möchten Sie mit diesem Buch einladen, durch eigene Reflexion erst einmal den Grad Ihrer Zufriedenheit anhand eines Zufriedenheitschecks zu erheben und dann daraus Handlungsfelder zu definieren, in denen Sie Ihre persönlichen Zufriedenheitspotenziale am besten ausschöpfen können.

Auf der beiliegenden CD-ROM finden Sie eine Vielzahl von Fragebögen und Arbeitsblättern. Bitte nutzen Sie sie!

Eine besondere Aktualität – wenn auch nicht im positiven Sinne – hat dieses Buch im Herbst 2008 bekommen. Die Finanzkrise bedrückt uns im wahrsten Sinne des Wortes alle. Sie drückt auf unsere Zufriedenheit. Nicht nur auf die Zufriedenheit des Einzelnen, sondern auch auf die Zufriedenheit von Gruppen, Organisationen und ganzen Staaten. Vielleicht ist es deshalb gerade jetzt so sinnvoll, sich dieser Thematik zu widmen?

Bei der Lektüre dieses Buches wünschen wir Ihnen viel Erfolg und auch ein bisschen Spaß!

Wir danken unserer Lektorin, Christine Schlagmann, für die tatkräftige inhaltliche Unterstützung und die konstruktive und hilfreiche Kritik.

Frühling 2009 Gabriele Haas
Rita Strackbein
Dirk Strackbein

1 DER SICHERE WEG ZUR UNZUFRIEDENHEIT

„Die meisten Menschen machen sich selbst nur durch übertriebene Forderungen an das Schicksal unzufrieden!"

– Wilhelm von Humboldt

1.1 EINE GESCHICHTE

Lassen Sie uns mit einer Geschichte beginnen – einer Geschichte, die geradezu alltäglich ist und aufzeigt, wie Erfolg durchaus Misserfolg produzieren kann und wie etwas, das als Erfolgsstory begann, durch falsche Betrachtung und Reflexion, aber auch durch unbewusste Verschiebung der Verantwortlichkeiten in tiefer Unzufriedenheit münden kann. Erkennen Sie hier teilweise Kollegen, Freunde, Bekannte oder gar sich selbst, so ist das kein Zufall, sondern von uns gewollt. Denn was ist schöner und nachvollziehbarer als eben die Realität?

Die Protagonisten unserer Geschichte brauchen Namen und Charaktere: Jürgen, mittlerweile 41 Jahre alt, promovierter Betriebswirt und als Vertriebsleiter in einer deutschen Aktiengesellschaft der Versicherungsbranche tätig. Er bekleidet diese Funktion seit nunmehr drei Jahren und seine Erfolge sind im Unternehmen – sowohl bei den Führungskräften, als auch den Kollegen und Mitarbeitern – anerkannt. Jürgen ist erfolgs-, ziel- und statusorientiert und geht mit seinen Erfolgen selbstbewusst um. Offen gesagt, er lässt keine Gelegenheit aus, Erfolg nach außen zu dokumentieren.

Claudia, seine Ehefrau, ist ebenfalls 41 Jahre alt. Die beiden haben sich während des Studiums kennen und lieben gelernt. Auch Claudia hat ihr BWL-Studium erfolgreich abgeschlossen, allerdings auf eine Promotion verzichtet. Gehen wir ein paar Jahre zurück. Früh war klar, dass für die beiden nur die klassische Familien- und damit Rollensituation infrage kam, denn: Was ist eine erfolgreiche Familie ohne Kinder?

Also wurde geheiratet und die Familienplanung wirklich als planerischer Prozess in die Tat umgesetzt. Hier wurde nichts, aber auch gar nichts dem Zufall überlassen. Jürgen, ein begeisterter Anwender der Szenariotechnik, entwickelte unterschiedliche Szenarien für die gemeinsame Zukunft und präsentierte diese dann seiner Ehefrau Claudia.

Hier sei zu erwähnen, dass sich Claudia in dieser Rolle durchaus wohl fühlte, denn sie war ein Mensch, der sein Leben gern in den so oft zitierten „geregelten Bahnen" lebte und für den Unsicherheit etwas geradezu Beängstigendes hatte. Und genau hier setzte Jürgen an und deshalb, natürlich nicht nur deshalb, liebte sie ihn.

Nach kurzer, intensiver Zeit der Diskussion einigten sich beide – oder besser gesagt: Jürgen einigte sich und Claudia stimmte zu – auf folgendes Lebensszenario:

Die Familie, die so ja eigentlich noch nicht existierte, sollte in einem erschwinglich repräsentativen, frei stehenden Einfamilienhaus wohnen. Hier kam natürlich nur ein Neubau in Betracht, denn nur so war eine optimale Raumplanung möglich. Außerdem stehen neu gebaute Einfamilienhäuser immer in Neubausiedlungen. Das hat den unschätzbaren Vorteil, dass auch im Umfeld mit ähnlichen Familienkonstellationen zu rechnen ist. Nur so kann man ein optimales soziales Umfeld schaffen!

So weit die Wohnsituation, die es zu erreichen galt.

Was die echte Familienplanung betrifft, beinhaltete das präferierte Szenario Folgendes: zwei Kinder im Abstand von zwei Jahren. Im Optimalfall erst ein Junge und dann ein Mädchen. Wobei selbst Jürgen als Szenariodenker klar war, dass es ausgesprochen schwer, wenn nicht gar unmöglich war, das Geschlecht von Kindern zu planen.

Aber was soll's, man kann es ja mal versuchen. Da die Kinder nicht von allzu alten Eltern großgezogen werden sollten und man seinen Kindern nicht nur als Eltern, sondern auch als Partner und Freunde zur Verfügung stehen wollte, wurden nun die nächsten Schritte parallel angegangen.

Das Leben von Claudia und Jürgen wurde zu diesem Zeitpunkt von zwei Themen beherrscht: Zyklus- und Hausplanung! Der Beruf von Jürgen lief nebenher – allerdings hoch erfolgreich. Denn wie sonst könnte man sein Wunschszenario umsetzen? Ein passendes Wohngebiet mit den passenden Stadtvillen war schneller gefunden als der passende Zeitpunkt für eine Befruchtung. Aber auch das sollte klappen!

So begab es sich, dass Jürgen mit einer hochschwangeren Claudia das neue Domizil bezog, bei dessen Konzeption der Architekt nicht nur zwei wunderschöne Kinderzimmer eingeplant hatte, sondern – selbst Familienvater – auch bei der Gartenanlage an das Wohlergehen der kleinen Erdenbürger gedacht hatte. So waren die wichtigsten Utensilien wie Schaukel, Klettergerüst auf federndem Untergrund und ein abdeckbarer Sandkasten mit desinfiziertem Spielsand bereits aufgebaut, obwohl die Kinder, die diese Geräte nutzen sollten, noch nicht da waren. Aber Planung ist alles und Nichtplanen ist nichts!

Jürgen und Claudia hatten übrigens auf die klassische farbliche Gestaltung der Kinderzimmer verzichtet. Sie waren beide, zugegebenermaßen auch aus ästhetischen Gründen, in neutralem Weiß gehalten und nicht, wie man hätte vermuten können, in Rosa und Blau. Das war auch gut so: Vollkommen gegen die Planung war das erste Kind, wie die Sonografie bestätigte, ein Mädchen. Somit würde dieses Kind dem zweiten Kind, dem Jungen, in der Entwicklung immer meilenweit voraus sein. Hierzu, so Jürgens Meinung, sollte ein Entwicklungsszenario entwickelt werden. Aber alles zu seiner Zeit!

Der Umzug, die ersten Wochen im Haus und die Geburt verliefen ohne Komplikationen. Was Jürgen nicht bedacht hatte, da ihm da auch die Erfahrungsmuster fehlten, war, wie laut und wenig planbar ein kleiner Mensch sein kann. Claudia konnte mit dieser Situation deutlich besser umgehen. Sie ging in ihrer Rolle voll auf und kam ihren mütterlichen Pflichten aufopferungsvoll nach.

Auch Jürgen opferte sich. Allerdings weniger zu Hause als vielmehr im Büro. Direkt nach dem Studium, noch während seiner Promotion, hatte er als Trainee in dem Unternehmen angefangen, in dem er bis zum heutigen Tage arbeitete. Er wollte von vornherein Karriere machen und viel, wirklich viel Geld verdienen (musste er auch, denn das Haus war annähernd zu 100 Prozent fremdfinanziert!). So opferte er seine Freizeit (Freiheit?) seiner Karriere und arbeitete sehr viel.

Zu Hause wurde er auch nicht gebraucht, denn nach seiner persönlichen Einschätzung wurden die Väter von ihren Kindern erst in der klassischen Spielphase (ab fünf Jahre aufwärts) gebraucht. Vorher war es wichtig, dass insbesondere die Mutter Liebe, Zuwendung und Aufmerksamkeit schenkte. Das war ja auch, Sie erinnern sich, ein Grund für die klassische Rollenverteilung bei Claudia und Jürgen!

Zurück in Jürgens Berufswelt. Jürgen war ein Mitarbeiter, wie sich ein Unternehmen einen Mitarbeiter nur wünschen kann: zuverlässig, zielstrebig, loyal und einsatzbereit. So wundert es nicht, dass Jürgen in diesem Versicherungskonzern das machte, was landläufig als Karriere bezeichnet wird.

Als Trainee durchlief er die wichtigsten Bereiche der Verwaltung, schnupperte ins Marketing hinein und fühlte sich eigentlich im Controlling am wohlsten, weil hier scheinbar alles planbar und kontrollierbar war. Sein Mentor jedoch, ein gestandener „alter Hase" des Unternehmens, riet ihm, in den Vertrieb zu gehen, da hier nicht unbedingt am leichtesten, aber sicher am schnellsten – Leistung vorausgesetzt – Karriere gemacht werden kann.

Folglich bewarb er sich auf eine interne Stellenausschreibung, mittels derer ein Außendienstmitarbeiter für jene Region gesucht wurde, in der Jürgen und Claudia gerade die Szenarien für eine gemeinsame erfolgreiche Zukunft entwickelten. Ein Bestandteil aller Szenarien war übrigens eine nur eingeschränkte räumliche Flexibilität, da insbesondere Claudia in nächster Nähe zu ihren Eltern leben wollte.

Diese Entscheidung hatte weniger mit der tiefen innigen Beziehung zu ihren Eltern zu tun, sondern vielmehr damit, dass die Eltern fester geplanter Bestandteil des Szenarios waren, welches Claudia und Jürgen mit höchster Priorität verfolgten.

Denn nach den ersten Jahren der Kindererziehung wollte Claudia auch wieder arbeiten gehen. Nur Hausfrau und Mutter zu sein, war ihr langfristig einfach zu wenig. Und wer ist besser geeignet, wenigstens zeitlich begrenzt die Rolle der Eltern zu übernehmen, als die Großeltern? Nebenbei bemerkt kam bei dieser Entscheidung auch eine finanzielle Entscheidung – oder lassen Sie uns sagen: Notwendigkeit – zum Tragen: Jürgen und Claudia waren hoch verschuldet. Ein zweites Einkommen, und sei es noch so gering, würde da nicht schaden.

Zum Zeitpunkt der Geburt von Jasmin, dem ersten Kind, war Jürgen regionaler Verkaufsleiter der Region um ihren Wohnsitz herum. Er war froh, aus dem direkten Verkauf heraus zu sein, denn Kunden und deren Wünsche und Befindlichkeiten waren und sind nicht planbar. Und alles, was nicht oder nur in geringen Grenzen planbar war, war Jürgen suspekt. Als regionaler Verkaufsleiter konnte Jürgen wieder planen und kontrollieren. Jürgen hatte seine Mitarbeiter fest im Griff und führte sie stringent mittels Zielsystemen.

Einschränkend sei bemerkt, dass er der selbstverantwortlichen Führung des einzelnen Mitarbeiters weniger Aufmerksamkeit schenkte, als man bisweilen in einschlägiger Literatur nachlesen konnte. Aber Jürgen war klarer Anhänger der Aussage: „Vertrauen ist gut, Kontrolle ist besser!" Hätte Jürgen übrigens gewusst, dass dieser Satz von Lenin stammt, hätte er sich einen anderen Leitsatz ausgesucht. Hat er aber nicht, deshalb blieb er ihm treu.

Jasmin (das Mädchen, das eigentlich ein Junge werden sollte) war mittlerweile ein Jahr alt, und nun stand die Planung des zweiten Kindes (des Jungen!) an. Erfüllte Jasmin ja nur zu 50 Prozent das, was konkret im Szenario geplant war, so ging es jetzt darum, die falschen 50 Prozent bei Jasmin, nämlich das Geschlecht, beim zweiten Kind zu relativieren. Klares erklärtes Ziel: ein Junge.

Anmerkung der Verfasser: Häufig planen Eltern, ohne dass viel darüber gesprochen wird, das Geschlecht ihrer Kinder. Erfüllt sich dieses Wunschdenken nicht, entspricht das Geschlecht des Kindes nicht der Priorität der Eltern, wird das Resultat oft mit den Worten quittiert: „Hauptsache gesund!" Achten Sie mal darauf!

Zum ersten Mal beschäftigten sich Claudia und Jürgen mit Dingen, mit denen sie sich früher niemals auseinandergesetzt hätten und haben. Dank Jasmin haben sie gemeinsam erlebt, dass nicht alles im Leben planbar ist. Mit diesem Gedanken wollten sie sich aber nicht so einfach arrangieren, und gerade Jürgen recherchierte intensiv zum Beispiel im Internet, welche Faktoren rund um die Zeugung Einfluss darauf haben, welchen Geschlechtes ein Kind sein wird.

Die lapidarsten Anregungen waren ähnliche wie: „Die Socken beim Sex anlassen gibt Mädchen" oder „Frühmorgendlicher Sex ist gut für Jungen". Aber es gab auch wissenschaftlich fundierte Studien, deren Aussagekraft sich allerdings immer nur darauf beschränkte, dass bestimmte Faktoren das Geschlecht beeinflussen können, aber nicht müssen, und dass eine eindeutige statistische Signifikanz nicht darstellbar ist. So weit dazu.

Jürgen machte sich seine eigenen Gedanken. Wenn es stimmte, dass Sex mit Socken Mädchen produziert, wie konnte es dann sein, dass Jasmin ein Mädchen war? Oder hatte er etwa die Socken angelassen? Mehr und mehr kamen Claudia und Jürgen zu dem Schluss: Hauptsache gesund! Und gesund waren sie dann auch: die beiden Mädchen, Katharina und Anna, die als zweieiige Zwillinge das Licht der Welt erblickten. Natürlich waren die Eltern durch die heutige Ultraschalltechnik auf das vorbereitet, was dann 27 Monate nach der Geburt von Jasmin geschah. Aber die Macht des Faktischen erreicht einen immer dann mit voller Gewalt, wenn aus Vorstellungen und Mutmaßungen Realitäten werden. Und hier war es nicht nur *eine* Realität, hier waren es zwei Realitäten.

Aber es gibt keine Probleme, sondern nur Herausforderungen! Und jeder muss sich seinen Herausforderungen stellen. Jürgen im Beruf, der ihn mehr und mehr forderte, und Claudia in der Rolle als Mutter, die sich jetzt um drei Kinder (Mädchen!) kümmern musste. Wie war das noch mit der Planung einer relativ frühen Berufstätigkeit von Claudia?

Gut, man muss mit den Realitäten leben und jedes Szenario muss geänderten Umfeldbedingungen angepasst werden. Aber nicht nur die Zwillinge entsprachen weder zahlenmäßig noch geschlechtsspezifisch der Planung, sondern auch im beruflichen Umfeld passierten Dinge, die sich seltsamerweise in keinem Szenario des jungen Ehepaares wiederfanden.

Es fand bei beiden Partnern, bei Claudia und Jürgen, etwas statt, was beiden in seiner Auswirkung nicht klar war: Aus „gefordert zu sein" wurde „überfordert zu werden"! Bei Claudia stellte sich die Situation wie folgt dar: Sie musste sich nahezu allein um drei Kinder kümmern, sie hatte kaum noch Zeit, ihren Hobbys und früheren Interessen nachzugehen, ihre Eltern waren mit drei Kindern vollkommen überfordert – die geplante Unterstützung blieb aus, an eine eigene Berufstätigkeit war in absehbarer Zeit nicht zu denken. Sie fühlte sich wie in einem Hamsterrad ohne Ausgang!

Und dann passierte etwas, das sich kaum jemand in seiner Tragweite hätte vorstellen können: Gegen Ende 2008 geriet das gesamte Finanzsystem der führenden Wirtschaftsländer durch Fehleinschätzungen, Fehlbewertungen und Fehlspekulationen enorm unter Druck. Im Bereich der Banken, Versicherungen, Finanzdienstleister, der Automobilindustrie und deren Zulieferern und vieler anderer davon betroffener Wirtschaftszweige war plötzlich nichts mehr so, wie es vorher war!

Und natürlich war auch der Konzern betroffen, für den Jürgen seit Jahren so erfolgreich und erfolgsverwöhnt arbeitete. Jürgens Situation veränderte sich schlagartig und nachhaltig.

Jürgen erlebte es folgendermaßen: Durch Kostendruck und gravierende Sparmaßnahmen stiegen die Anforderungen im Beruf drastisch. Durch Gebietsreformen nahmen die Reisetätigkeit und die Anzahl der außerhäusigen Übernachtungen deutlich zu. Durch organisatorische Änderungen und flachere Hierarchien reduzierten sich die Perspektiven.

Nachdem das Unternehmen durch einen Multikonzern übernommen worden war, wurde zu allem Überfluss das gesamte Gehaltssystem im außertariflichen Bereich überarbeitet. Das führte dazu, dass an flexible Gehaltsbestandteile, die für ihn eine feste, planbare Größe dargestellt hatten und die für die finanzielle Situation seiner Familie so wichtig waren, nicht mehr zu denken war.

Durch immer höhere Ziele und Vorgaben fühlte sich Jürgen immer stärker unter Druck, gestresst und überfordert. Auch wenn Jürgen mittlerweile Vertriebsleiter einer deutschen Niederlassung war und somit eines seiner Ziele erreicht hatte, hatte er doch das Gefühl, nicht mehr weiterzukommen. Dies wurde ihm umso bewusster, als ihm in einem persönlichen Gespräch mit der Geschäftsleitung eröffnet wurde, dass ein Weiterkommen im Konzern durch Stellenstreichungen und natürlich die gesamtwirtschaftliche Situation und ihre Folgen auf das Unternehmen wenigstens mittelfristig so gut wie ausgeschlossen sei.

Das Kartenhaus seiner Karriere brach zusammen und noch schlimmer: Die finanzielle Situation seiner Familie stand auf zunehmend wackeligen Füßen. Was war zu tun? Was konnten sie tun?

Seit Jürgen und Claudia zusammenlebten und verheiratet waren, war es nur bergauf gegangen. Im Grunde – und das war ihnen auch wichtig – dokumentierten die beiden Erfolg auf ganzer Linie. „Schneller, höher, weiter" war zu ihrer Lebensmaxime geworden und diese Maxime war auch die Messlatte, an der die beiden den Grad ihrer eigenen Zufriedenheit maßen. Sie mussten sich eingestehen, dass sie das Darlehen, das sie durch unrealistische und überzogene Szenarien von der Zukunft geliehen hatten, nicht zurückzahlen können würden, weil die Zukunft anders aussah als in ihren Szenarien beschrieben. Die Realität hatte sie mit ihrer gesamten Härte eingeholt.

Was war die Folge? Sie befanden sich in einem mentalen Strudel, in dem einer den anderen nach unten reißt. Für jemanden, der über Jahre gedacht hat, Stillstand sei Rückschritt, und sein Leben konsequenterweise auch so ausgerichtet hat, bahnte sich hier eine Katastrophe an. Sie hatten zwei Möglichkeiten: Das Haus konnten sie – wenn überhaupt in der derzeitigen Situation – nur unter großem finanziellen Verlust verkaufen. Oder sie konnten das Haus behalten, mussten dann jedoch in Bezug auf Urlaub, Auto und Freizeitgestaltung massive Einschränkungen in Kauf nehmen. An den Imageverlust bei Freunden und Bekannten gar nicht zu denken, ging es doch bis jetzt immer nur auf der Erfolgsspur nach oben!

Was dann passierte, war typisch. Jürgen und Claudia stellten die Schuldfrage: Wer ist schuld an der Situation, in der wir uns befinden? Sie machten sich wenig bzw. keine Gedanken darüber, dass vielleicht überzogene oder unrealistische Ziele der Grund für ihr Dilemma waren, sondern sie suchten die Schuld in ihrem persönlichen Umfeld, bei den Menschen, die ihr Umfeld beeinflusst haben, und natürlich in den sich ändernden Rahmenbedingungen.

Da es leichter ist, anderen die Schuld zuzuweisen, als sich selbst und anderen eigene Schuld einzugestehen, begaben sich die beiden auf die Suche nach eben diesen Schuldigen. Dies gelingt zu zweit übrigens noch viel besser als alleine! Und so begann das Klagelied. Mit diesem Thema werden wir uns an anderer Stelle des Buches noch eingehender beschäftigen.

Um die Geschichte hier auf neutralen Boden zu stellen: Jürgen und Claudia klagten auf extrem hohem Niveau. Sie waren (noch) glücklich verheiratet, hatten drei gesunde Kinder, Jürgen hatte einen relativ sicheren Arbeitsplatz und ein regelmäßiges Einkommen, sie würden bei sparsamerem Lebensstil auch weiter in ihrem Haus leben können und eigentlich hatten sie auch heute noch eine positive Lebensperspektive. Trotzdem waren beide kreuzunglücklich und unzufrieden, denn nichts war mehr so wie in ihrem Lebensszenario beschrieben.

Übrigens blieb die Situation der beiden nicht ohne Auswirkungen auf den Freundeskreis. Die beiden wurden nicht mehr so oft eingeladen wie früher, alte Freund- und Bekanntschaften schliefen ein, weil sie durch ihr ständiges Klagen einfach schlechte Stimmung verbreiteten und allen Menschen – gefragt und ungefragt – mitteilten, wer an ihrer „Misere" schuld sei. Natürlich waren auch viele Menschen in ihrem direkten Umfeld von der Finanzkrise mehr oder weniger betroffen. Dennoch klagte niemand so laut, so heftig und so nachhaltig über all diejenigen, die an dieser Krise und damit an der Situation unserer Protagonisten angeblich Schuld hatten. In ihrer Kommunikation anderen Menschen gegenüber verstrickten sie sich zunehmend in das „Wenn-dann-Syndrom".

Natürlich ist das nicht das Ende der Geschichte! Wie es mit Claudia und Jürgen weitergeht, wie sie vielleicht ihr Leben wieder in den Griff bekommen und wie sie möglicherweise ihre Lebenszufriedenheit zurückerlangen können, wird in den folgenden Kapiteln aufgelöst.

1.2 DAS „WENN-DANN-SYNDROM"

Hier von einem „Syndrom" zu sprechen, mag zugegebenermaßen auf den ersten Blick etwas hochgestochen oder überzogen klingen, denn im Grunde ist die Aussage „Wenn – dann" nichts anderes als die Erklärung bestehender und teilweise durchaus vermeintlicher Abhängigkeiten und Kausalitäten. Sie ist in unserem Sprachgebrauch die Erläuterung dafür, dass bestimmte Situationen in Abhängigkeit zu wiederum anderen Situationen stehen. Klingt kompliziert, ist aber ganz einfach:

Aus dem Hier und Jetzt wird eine Form der Vergangenheitsbewältigung betrieben, bei der darauf verwiesen wird, dass eine in der Vergangenheit vorgenommene Änderung auch eine Änderung im Heute und damit auch in der Zukunft herbeigeführt hätte. Diese Form der Vergangenheitsbewältigung wird gerade dann gerne eingesetzt, wenn Ziele heute oder in der Zukunft nicht mehr erreicht werden können und Ursachenforschung im Hinblick auf Schuldige und Schuldzuweisungen betrieben wird. Die dahinterstehende Intention ist dabei übrigens häufig – bewusst oder unbewusst – von der eigenen Unzulänglichkeit oder von eigenen Fehlern abzulenken.

Je nachdem, wie „Wenn – dann" eingesetzt wird, hat es einen eher negativ belegten, passiven Vergangenheitsbewältigungscharakter oder positiv belegt einen aktiven Zukunftsgestaltungscharakter. „Wenn – dann" kann folglich sowohl Vergangenheit erklären als auch Zukunft gestalten:

- *„Wenn das nicht passiert wäre, ständen wir heute anders da."* (Vergangenheitsbewältigung)
- *„Wenn wir das heute tun, können wir das erreichen."* (Zukunftsgestaltung)

Wenn Sie sich jetzt fragen, was das mit Zufriedenheit zu tun hat, ist die Antwort ganz einfach: Es hat auch hier wieder mit Selbststeuerung und Selbstverantwortung zu tun. Wälze ich die Verantwortung für meine Vergangenheit auf andere ab, bin ich nur noch Passagier in einem fremdgesteuerten Schiff. Handele ich jetzt nicht so, wie es notwendig ist, um meine Ziele in der Zukunft zu erreichen, werde ich sie nicht erreichen. Zufriedenheit ist so nicht machbar!

In die Zukunft gerichtet, lassen sich mit der „Wenn-dann-Formulierung" Handlungsalternativen entwickeln, aus denen Ziele und Aktivitäten abgeleitet werden. Es ist ganz simpel: Wenn eine bestimmte Situation eintritt, weiß man, was getan werden muss, um ein definiertes Ziel zu erreichen. Ist die eintretende Situation eine andere, leiten sich daraus andere Maßnahmen ab, um gegebenenfalls zum gleichen Ziel zu gelangen (mehrdimensionales Denken).

Frederic Vester (Biochemiker, Wegbereiter für vernetztes und systemisches Denken) hat in seinem Sensitivitätsmodell bei der Einflussanalyse untersucht, wie sich einzelne Faktoren in der Zukunft wechselseitig beeinflussen könnten, welche Abhängigkeiten bestehen und welche Aktiv- und Passivwirkungen die einzelnen Faktoren in ihrer Abhängigkeit zueinander zur Folge haben werden. Daraus lassen sich dann Handlungsszenarien entwickeln, die nicht auf Zufälligkeiten basieren, sondern einem geplanten, prognostizierten Prozess entstammen.

Bei dieser Analyse wird durchaus in Extremen gedacht. Folglich gibt es immer ein positives Extremszenario und ein negatives Extremszenario. Nur dann ist man auf alle möglichen Entwicklungen vorbereitet und weiß bei Eintritt eines vorausgedachten Szenarios, was zu tun ist und mit welchen Folgen zu rechnen ist.

Bei der Beschreibung des „Wenn-dann-Syndroms" müssen die verschiedenen Zeitdimensionen berücksichtigt werden. Ein Beispiel für den Versuch einer Vergangenheitsbewältigung: *„Hätten wir das Haus nicht gekauft, dann hätten wir heute nicht so viel Schulden."* Stimmt! Lässt sich hier noch etwas ändern? Nein, es ist, wie es ist, die Fakten sind geschaffen und nun muss mit den Konsequenzen gelebt werden. Das Einzige, was sich aus dieser Tatsache ziehen lässt, ist Erfahrung. Die Möglichkeit, auf Basis von Fehlern, die in der Vergangenheit gemacht worden sind, für die Zukunft zu lernen.

Noch etwas spitzer und persönlicher formuliert ist dieses Beispiel: *„Wenn du nicht unbedingt dieses Haus hättest haben wollen, wären wir jetzt nicht so hoch verschuldet."* Stimmt auch! Handlungsmöglichkeiten: siehe oben!

Oft werden auch Entscheidungen durch Dritte in der Vergangenheit für das verantwortlich gemacht, was im Hier und Jetzt als Konsequenzen real wird: *„Wenn der Vorstand anders entschieden hätte, dann würde mein Verantwortungsbereich noch existieren."* Kann sein, muss aber nicht! Auch hier gilt es, mit den Realitäten zu leben, denn die Vergangenheit kann man nicht ändern.

In die Zukunft gerichtet, werden durch „Wenn – dann" teilweise unrealistische oder gar utopische Ziele beschrieben: *„Wenn ich im Lotto gewänne, dann könnte ich ein glückliches Leben führen."* Inhaltlich sicherlich richtig. Wie groß oder klein ist aber die Wahrscheinlichkeit, dass der Lottogewinn eintritt? Und andersherum, wie groß ist die Wahrscheinlichkeit eines unglücklichen Lebens in der Zukunft, wenn das Glück von einem Lottogewinn abhängt? Und noch schlimmer: Kann ich es persönlich überhaupt beeinflussen? Ja, durch Lottospielen – allerdings ändert das die Chancen auf einen großen Gewinn rein statistisch auch nur marginal.

Fassen wir zusammen: Gerade in Bezug auf die Vergangenheit steht das „Wenn-dann-Syndrom" für eine Verantwortungsverschiebung, für eine Flucht von der eigenen Handlungsebene oder gar für eine Legitimation des eigenen Nichthandelns. Nicht ich bin schuld an der Situation, wie sie sich jetzt darstellt, sondern andere.

In die Zukunft hinein gibt es zwei Möglichkeiten. Die erste ist eine sehr positive Variante, bei der gemäß der Szenariotechnik nicht nur eindimensional, sondern mehrdimensional Handlungsmöglichkeiten bei Eintritt einer bestimmten Situation definiert werden. Beispiel: *„Was können wir tun, wenn ein neuer Wettbewerber in unseren Markt eintritt?"* Je mehr Handlungsalternativen definiert werden, desto besser ist man vorbereitet und reaktionsfähig. Wichtig ist in diesem Zusammenhang, dass die Handlungsmöglichkeiten realistisch und umsetzbar sind, denn nur dann ist eine schlagkräftige Aktion möglich.

Und genau hier liegt der Knackpunkt. Bei der negativen Variante wird oft bewusst oder unbewusst mit unrealistischen Rahmenbedingungen gearbeitet. Beispiel: Ein Haus, das nicht mehr finanziert werden kann, muss verkauft werden. Es hat laut Gutachten einen Verkehrswert von 400.000 Euro. *„Wenn wir das Haus für 750.000 Euro verkaufen, haben wir keine Schulden mehr."*

Faktisch richtig, aber gleichwohl unrealistisch, weil sich kein Käufer zu diesem Preis finden lassen wird. Trotzdem wird in ähnlichen Fällen die Verantwortung verschoben: Nicht der Preis ist zu hoch, die Einschätzung des Verkäufers ist falsch, sondern der Markt und die nicht gewillten potenziellen Käufer sind schuld.

Zurück zur Zufriedenheit oder Unzufriedenheit. Wir möchten hier deutlich machen, dass eine Verantwortungsverschiebung nicht glücklich und zufrieden machen kann, sie kann bestenfalls ein Legitimationsversuch für falsche Entscheidungen oder unterlassene Handlungen sein. Das „Wenn-dann-Syndrom" schlägt im negativen Sinne immer dann zu, wenn es eindimensional ohne Handlungsalternativen gedacht ist.

Tritt nämlich diese eine Alternative nicht ein, hat man keine weiteren Optionen, ist Unzufriedenheit vorprogrammiert. Noch schlimmer ist, wenn diese eine Alternative auch noch sehr unwahrscheinlich ist (Lotto) und auch hier keine weiteren Alternativen angedacht sind.

Im Grunde genommen ist es ganz einfach. Mit der Kausalität „Wenn – dann" darf gearbeitet werden, wenn folgende Faktoren und Rahmenbedingungen gegeben sind:

- Je mehr Handlungsalternativen bei Eintritt einer antizipierten Situation definiert sind, desto höher ist die Erfolgschance.
- Die einzelnen Handlungsalternativen und ihre Umsetzung dürfen nicht von Dritten abhängig sein.
- Der Startzeitpunkt der Handlungsalternativen muss in der Zukunft liegen.
- Die Handlungsalternativen müssen realistisch und umsetzbar sein (kein „wishful thinking"!).

Warum sind Claudia und Jürgen unzufrieden? Klar, weil ihr Szenario, das sie für ihr Leben entwickelt haben, nicht so eingetreten ist wie geplant. Aber war das, was die beiden entwickelt und definiert haben, wirklich ein Szenario oder war es einfach nur eine Vision oder gar ein Luftschloss, eine Utopie?

Es war eben kein Szenario, weil sie nicht mit unplanbaren Eventualitäten gearbeitet haben, nicht damit gerechnet haben, dass sie den geplanten Weg – aus welchen Gründen auch immer – verlassen müssen. Nein, für sie war alles – fälschlicherweise – planbar und vorhersehbar.

Sie unterlagen dem „Wenn-dann-Syndrom", weil sie nur eindimensional eine Lebensvision oder einen Lebensplan entwickelt haben. In diesem Lebensplan waren die einzelnen Ziele stringent aufeinander aufgebaut, und es war an keiner Stelle vorgesehen, was passieren würde bzw. wie man reagieren könnte, wenn ein Zwischenziel nicht oder anders eintreten würde.

Die Folge war, dass schon bei den ersten geringen Abweichungen keine Handlungsmuster mehr vorlagen, um auf diese Abweichungen zu reagieren. Und obwohl durch die Kumulation von Abweichungen zunehmend erkennbar sein musste, dass das Lebensziel so wie seinerzeit formuliert nicht erreicht werden konnte, hielten beide daran fest.

Da sie im Innersten jedoch wussten, dass sie einer Utopie hinterherjagten, wurden sie zunehmend unzufriedener.

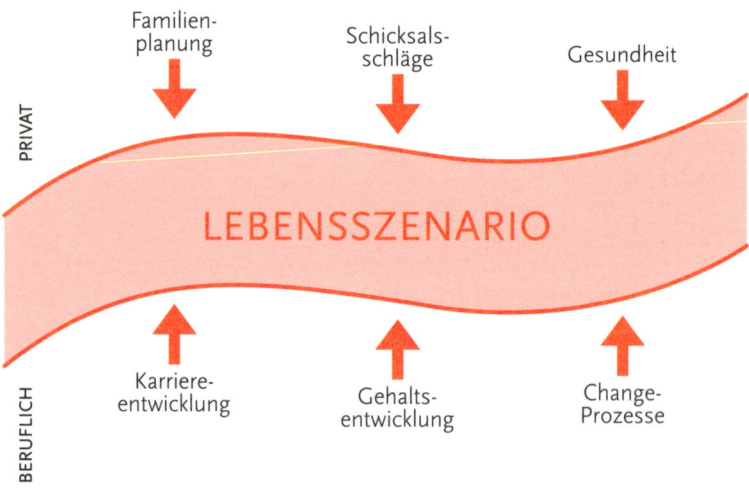

Und diese Unzufriedenheit äußerte sich in typischen „Wenn-dann-Formulierungen":

WENN ...	DANN
Wenn wir nach dem Studium nicht sofort geheiratet hätten und ich wenigstens für kurze Zeit einen Job angenommen hätte, ...	*dann hätte ich jetzt – auch mit drei Kindern – eine bessere Ausgangssituation.*
Wenn das Unternehmen nicht verkauft worden wäre, ...	*dann würde ich jetzt mehr verdienen und wir hätten keine Probleme mehr.*
Wenn ich damals ins Controlling gegangen wäre, was mir ja übrigens mehr Spaß gemacht hätte, ...	*dann stände ich jetzt besser da. Denn dort wurde nicht rationalisiert.*
Wenn unsere Geschäftsführer härter gewesen wären, ...	*dann wären wir nicht verkauft worden! Aber die hatten ja nur ihr eigenes Wohlergehen im Kopf.*
Wenn du dich bei deinem Chef mehr durchgesetzt hättest, ...	*dann wären deine Prämien auch höher ausgefallen.*
Wenn uns der Architekt nicht ein so großes Haus aufgequatscht hätte, ...	*dann hätten wir jetzt weniger Schulden.*
Wenn der Staat eine bessere Finanzpolitik machen würde, ...	*dann müssten wir nicht so viel Steuern bezahlen.*
Wenn der Staat bessere Betreuungsmöglichkeiten für Kinder anbieten würde, ...	*dann hätte ich sofort auch Geld verdienen können.*
Wenn du nicht Zwillinge bekommen hättest, ...	*dann hätten wir jetzt weniger Probleme.*
Wenn du nicht immer so viel Geld für Kleidung ausgegeben hättest, ...	*dann hätten wir mehr Geld für die Finanzierung aufbringen können.*
Du und deine Autos! Wenn du bereit gewesen wärest, ein kleineres Auto zu fahren, ...	*dann hätten wir auch mehr Geld.*
Wenn die Bank uns seinerzeit auf die Risiken einer langfristigen Finanzierung aufmerksam gemacht hätte, ...	*dann hätten wir nicht so viel Geld aufgenommen. Aber die wollten ja nur ein gutes Geschäft machen.*
Überhaupt! Wenn ich damals an der Uni geblieben wäre – schließlich lag das Angebot vor – hätte ich jetzt einen ruhigen Job.	*Aber du wolltest ja, dass ich Karriere mache!*
Wenn du nicht so hohe Erwartungen gehabt hättest, ...	*dann hätten wir niemals so viel Geld gebraucht.*
Wenn wir uns nicht kennen gelernt hätten, ...	*dann hätte ich jetzt andere Probleme.*

Wenn die Amerikaner ihre Immobilien nicht so überbewertet hätten, ...	*dann hätten wir hier heute keine Krise.*
Wenn der Börsenkurs von Unternehmen nur ihren tatsächlichen Kurs darstellen würde, ...	*dann hätten wir hier keinen Börsencrash.*
Wenn die Banken nicht so gierig gewesen wären, ...	*dann hätten wir auch keinen wirtschaftlichen Abschwung.*
Wenn uns die Bank auf die Risiken aufmerksam gemacht hätte, ...	*dann hätten wir als Kleinanleger auch nicht so viel verloren.*
Wenn die Regierungen die Banken stärker kontrolliert hätten, ...	*dann hätte es die Finanzkrise nicht geben können.*
Wenn du nicht in Aktien investiert hättest, ...	*dann ständen wir jetzt besser da!*

Kennen Sie so etwas? Kommen Ihnen diese oder ähnliche Äußerungen wenigstens teilweise bekannt vor? Wir könnten diese Liste nahezu endlos fortsetzen, aber die Quintessenz ist und bleibt die gleiche: Hier werden Verantwortungen verschoben, Schuldzuweisungen gemacht, und es wird von der eigenen „Schuld", dem selbstverantwortlichen Handeln abgelenkt. „Jeder ist seines Glückes Schmied" und andersherum: Jeder ist für sein Unglück, für seine Unzufriedenheit selbst verantwortlich. Sicher gibt es so etwas wie Schicksal und Schicksalsschläge, aber auch hier gilt es, das Schicksal anzunehmen, das Beste daraus zu machen und nicht in lethargischen Fatalismus zu verfallen, der schlussendlich definitiv weniger ändert als das bewusste Verbleiben auf der Handlungsebene.

> Derjenige, der agiert, lädt andere ein zu reagieren. Derjenige, der reagiert, fordert andere auf zu agieren!

Claudia und Jürgen reagieren nur noch. Die Realität sieht deutlich anders aus, als sie es sich vorgestellt haben. Und weil das so ist, sind sie unzufrieden und haben ihren persönlichen Frieden nicht gefunden, sondern stehen im Unfrieden mit sich und der Welt.

Wie sind sie dahin gekommen? Falsche Planung, eindimensionales Denken, keine Handlungsalternativen und fehlende Bereitschaft, Änderungen und den Wandel aktiv anzunehmen. Und vielleicht waren es auch nur die falschen, unrealistische Ziele? Oder keine echten Ziele?

2 ZUFRIEDENHEITS-CHECK

„Zufriedenheit wohnt mehr in Hütten als in Palästen!"

– Chinesisches Sprichwort

Auf den folgenden Seiten finden Sie einen Zufriedenheitscheck, der zum Ausdrucken auch auf der CD-ROM enthalten ist, die diesem Buch beiliegt. Er soll Ihnen dabei helfen, den derzeitigen Stand Ihrer Zufriedenheit abzubilden und bestimmte Bereiche zu identifizieren, in denen das Verbesserungspotenzial – im Sinne einer höheren Zufriedenheit – am größten ist.

Bewerten Sie jede der folgenden Aussagen im Hinblick auf Ihre persönliche Situation. Tragen Sie Ihre Bewertung in das Antwortraster ein. Gehen Sie den Fragebogen systematisch durch, und versuchen Sie bitte, jede Frage zu beantworten. Sie haben folgende Antwortmöglichkeiten:

- 6 = trifft völlig zu
- 5 = trifft größtenteils zu
- 4 = trifft überwiegend zu
- 3 = trifft teilweise zu
- 2 = trifft eher weniger zu
- 1 = trifft gar nicht zu

Bitte seien Sie durchaus kritisch mit sich selbst, überlegen Sie bei den einzelnen Fragen nicht zu lange und bewerten Sie sie spontan!

Es kann vorkommen, dass es Ihnen bei der einen oder anderen Aussage schwerfällt, eine Bewertung abzugeben. Antworten Sie bitte trotzdem, so gut Sie können. Es empfiehlt sich dann, die Nummern der problematischen Aussagen am Rand zu vermerken.

Denken Sie daran, dass die Gültigkeit der Ergebnisse von Ihrer Offenheit und Ehrlichkeit abhängt.

Der Fragebogen ist nicht als wissenschaftliche Erhebung gedacht, sondern soll Ihre Gedanken anregen.

FRAGEBOGEN

ZUTREFFENDES BITTE ANKREUZEN.

6 = trifft völlig zu ■ 5 = trifft größtenteils zu ■ 4 = trifft überwiegend zu ■
3 = trifft teilweise zu ■ 2 = trifft eher weniger zu ■ 1 = trifft gar nicht zu

1 Ich weiß, was ich in meinem Leben erreichen will. 6 □ 5 □ 4 □ 3 □ 2 □ 1 □

2 Ich gehe gerne zur Arbeit. 6 □ 5 □ 4 □ 3 □ 2 □ 1 □

3 Ich bin stolz auf meine Familie. 6 □ 5 □ 4 □ 3 □ 2 □ 1 □

4 Ich habe eine gute Balance zwischen beruflichen und privaten Aktivitäten. 6 □ 5 □ 4 □ 3 □ 2 □ 1 □

5 Ich treffe gerne Entscheidungen. 6 □ 5 □ 4 □ 3 □ 2 □ 1 □

6 Ich bin mit mir selbst überwiegend zufrieden. 6 □ 5 □ 4 □ 3 □ 2 □ 1 □

7 Ich akzeptiere mein Alter in jeder Lebensphase. 6 □ 5 □ 4 □ 3 □ 2 □ 1 □

8 Meine mittelfristigen Ziele (drei bis fünf Jahre) habe ich klar definiert. 6 □ 5 □ 4 □ 3 □ 2 □ 1 □

9 Meine Arbeit ist ein wichtiger Teil meines Lebens. 6 □ 5 □ 4 □ 3 □ 2 □ 1 □

10 Ich habe genügend Freiräume für mich. 6 □ 5 □ 4 □ 3 □ 2 □ 1 □

11 Nach der Arbeit bleibt mir genügend Zeit für meine privaten Interessen. 6 □ 5 □ 4 □ 3 □ 2 □ 1 □

12 Entscheidungen zu treffen fällt mir leicht. 6 □ 5 □ 4 □ 3 □ 2 □ 1 □

13 Unterschiedliche Persönlichkeiten in meinem Umfeld empfinde ich als bereichernd. 6 □ 5 □ 4 □ 3 □ 2 □ 1 □

14 Ich habe keine Angst vor dem Altwerden. 6 □ 5 □ 4 □ 3 □ 2 □ 1 □

15 Ich weiß, was ich in den nächsten fünf Jahren erreichen will. 6 □ 5 □ 4 □ 3 □ 2 □ 1 □

16 Der Inhalt meiner Arbeit ist mir wichtiger als die Höhe meines Gehalts. 6 □ 5 □ 4 □ 3 □ 2 □ 1 □

17 Ich kann mich mit meinen Arbeitsbedingungen arrangieren. 6 □ 5 □ 4 □ 3 □ 2 □ 1 □

18 Mein Privatbereich ist für mich eine Energietankstelle. 6 □ 5 □ 4 □ 3 □ 2 □ 1 □

19 Es gefällt mir nicht, wenn andere für mich entscheiden. 6 □ 5 □ 4 □ 3 □ 2 □ 1 □

20 Viele unterschiedliche Meinungen regen mich an. 6 □ 5 □ 4 □ 3 □ 2 □ 1 □

21 Ich kann dem Leben jenseits der 60 Jahre viel Positives abgewinnen. 6 □ 5 □ 4 □ 3 □ 2 □ 1 □

22 Meine Jahresziele habe ich klar vor Augen.	6 ☐ 5 ☐ 4 ☐ 3 ☐ 2 ☐ 1 ☐
23 Ich kenne die Motive meines Handelns.	6 ☐ 5 ☐ 4 ☐ 3 ☐ 2 ☐ 1 ☐
24 Meine Familie gibt mir viel Kraft.	6 ☐ 5 ☐ 4 ☐ 3 ☐ 2 ☐ 1 ☐
25 Ich kümmere mich aktiv um meine Gesundheit.	6 ☐ 5 ☐ 4 ☐ 3 ☐ 2 ☐ 1 ☐
26 Ich kann viele Bereiche meines Lebens selbst bestimmen.	6 ☐ 5 ☐ 4 ☐ 3 ☐ 2 ☐ 1 ☐
27 Mich stören ständige Bewertungen von anderen Personen.	6 ☐ 5 ☐ 4 ☐ 3 ☐ 2 ☐ 1 ☐
28 Ich erkenne die schönen Seiten jeder Lebensphase.	6 ☐ 5 ☐ 4 ☐ 3 ☐ 2 ☐ 1 ☐
29 Meine privaten Ziele sind in der Familie besprochen und abgestimmt.	6 ☐ 5 ☐ 4 ☐ 3 ☐ 2 ☐ 1 ☐
30 Ich kenne die Faktoren, die mich demotivieren.	6 ☐ 5 ☐ 4 ☐ 3 ☐ 2 ☐ 1 ☐
31 Meine Freunde sind mir sehr wichtig.	6 ☐ 5 ☐ 4 ☐ 3 ☐ 2 ☐ 1 ☐
32 Mir bleibt Zeit für meine kulturellen Interessen.	6 ☐ 5 ☐ 4 ☐ 3 ☐ 2 ☐ 1 ☐
33 Ich kenne die Erwartungen anderer an mich.	6 ☐ 5 ☐ 4 ☐ 3 ☐ 2 ☐ 1 ☐
34 Wertschätzender Umgang ist für mich wichtig.	6 ☐ 5 ☐ 4 ☐ 3 ☐ 2 ☐ 1 ☐
35 Ich genieße mein derzeitiges Alter.	6 ☐ 5 ☐ 4 ☐ 3 ☐ 2 ☐ 1 ☐
36 Ich kenne den Sinn meines Lebens.	6 ☐ 5 ☐ 4 ☐ 3 ☐ 2 ☐ 1 ☐
37 Ich brauche Anreize für mein Handeln.	6 ☐ 5 ☐ 4 ☐ 3 ☐ 2 ☐ 1 ☐
38 Mit meiner derzeitigen Wohnsituation bin ich zufrieden.	6 ☐ 5 ☐ 4 ☐ 3 ☐ 2 ☐ 1 ☐
39 Ich kann Anteil nehmen an der Entwicklung meiner Kinder.	6 ☐ 5 ☐ 4 ☐ 3 ☐ 2 ☐ 1 ☐
40 Es macht mich stolz, Verantwortung zu tragen.	6 ☐ 5 ☐ 4 ☐ 3 ☐ 2 ☐ 1 ☐
41 Andere Kulturen und Religionen faszinieren mich.	6 ☐ 5 ☐ 4 ☐ 3 ☐ 2 ☐ 1 ☐
42 Der Austausch zwischen den Generationen macht mir Spaß.	6 ☐ 5 ☐ 4 ☐ 3 ☐ 2 ☐ 1 ☐
43 Meine Ziele sind mir wichtig und ich verfolge sie konsequent.	6 ☐ 5 ☐ 4 ☐ 3 ☐ 2 ☐ 1 ☐
44 Ich habe Spaß an dem, was ich tue.	6 ☐ 5 ☐ 4 ☐ 3 ☐ 2 ☐ 1 ☐
45 Ich kann über meine Zeit gut verfügen.	6 ☐ 5 ☐ 4 ☐ 3 ☐ 2 ☐ 1 ☐
46 Ich bin am Leben anderer interessiert.	6 ☐ 5 ☐ 4 ☐ 3 ☐ 2 ☐ 1 ☐
47 Ich führe ein selbstbestimmtes Leben.	6 ☐ 5 ☐ 4 ☐ 3 ☐ 2 ☐ 1 ☐
48 Ich vergleiche mich nicht ständig mit anderen.	6 ☐ 5 ☐ 4 ☐ 3 ☐ 2 ☐ 1 ☐
49 Ich bin in der Lage, meine Träume und Ziele Veränderungen anzupassen.	6 ☐ 5 ☐ 4 ☐ 3 ☐ 2 ☐ 1 ☐

50 Meine finanzielle Zukunft habe ich gut geplant. 6 ☐ 5 ☐ 4 ☐ 3 ☐ 2 ☐ 1 ☐

51 Ich habe ausreichend Zeit und Energie für private Aktivitäten. 6 ☐ 5 ☐ 4 ☐ 3 ☐ 2 ☐ 1 ☐

52 Ich kann mit den politischen Entscheidungen überwiegend ganz gut leben. 6 ☐ 5 ☐ 4 ☐ 3 ☐ 2 ☐ 1 ☐

53 Ohne Bewegung fühle ich mich unwohl. 6 ☐ 5 ☐ 4 ☐ 3 ☐ 2 ☐ 1 ☐

54 Ich kenne meine Lebensrollen und lebe sie bewusst. 6 ☐ 5 ☐ 4 ☐ 3 ☐ 2 ☐ 1 ☐

55 Missgunst und Neid lehne ich ab. 6 ☐ 5 ☐ 4 ☐ 3 ☐ 2 ☐ 1 ☐

56 Veränderungen stehe ich positiv gegenüber. 6 ☐ 5 ☐ 4 ☐ 3 ☐ 2 ☐ 1 ☐

57 Meine Ziele sind für mich motivierend und lösen Handlungen aus. 6 ☐ 5 ☐ 4 ☐ 3 ☐ 2 ☐ 1 ☐

58 Ich kann mit Rückschlägen im Leben konstruktiv umgehen. 6 ☐ 5 ☐ 4 ☐ 3 ☐ 2 ☐ 1 ☐

59 Ich kann mit unseren sozialen Systemen (Krankenhaus, Schule, Behörde) gut leben. 6 ☐ 5 ☐ 4 ☐ 3 ☐ 2 ☐ 1 ☐

60 Persönliche Weiterentwicklung ist mir wichtig. 6 ☐ 5 ☐ 4 ☐ 3 ☐ 2 ☐ 1 ☐

61 Ich hasse Bevormundung. 6 ☐ 5 ☐ 4 ☐ 3 ☐ 2 ☐ 1 ☐

62 Ich gönne anderen ihren Wohlstand. 6 ☐ 5 ☐ 4 ☐ 3 ☐ 2 ☐ 1 ☐

63 Weiterentwicklung geht nicht ohne Veränderung. 6 ☐ 5 ☐ 4 ☐ 3 ☐ 2 ☐ 1 ☐

64 Meine Träume und Visionen bilden die Basis für meine Ziele. 6 ☐ 5 ☐ 4 ☐ 3 ☐ 2 ☐ 1 ☐

65 Das Nichterreichen von Zielen behindert nicht unmittelbar meine Antriebskraft. 6 ☐ 5 ☐ 4 ☐ 3 ☐ 2 ☐ 1 ☐

66 Mit meinen Arbeitskollegen pflege ich gute Kontakte. 6 ☐ 5 ☐ 4 ☐ 3 ☐ 2 ☐ 1 ☐

67 Ich kann auch Nichtstun genießen. 6 ☐ 5 ☐ 4 ☐ 3 ☐ 2 ☐ 1 ☐

68 Mein Leben ist nicht fremdbestimmt. 6 ☐ 5 ☐ 4 ☐ 3 ☐ 2 ☐ 1 ☐

69 Ich kann mich mit unterschiedlichen finanziellen Lebenssituationen arrangieren. 6 ☐ 5 ☐ 4 ☐ 3 ☐ 2 ☐ 1 ☐

70 Veränderungen machen mein Leben interessant. 6 ☐ 5 ☐ 4 ☐ 3 ☐ 2 ☐ 1 ☐

AUSWERTUNG

Dort, wo Sie eine hohe Punkteanzahl vorfinden, sind Ihre persönlichen Stärken. Da sind Sie sehr gut unterwegs.

Jene Bereiche mit der niedrigsten Punktzahl stellen auf dem Weg zu Ihrer persönlichen Zufriedenheit Ihre größten Handlungsfelder dar. Versuchen Sie nicht, an allen Themen gleichzeitig zu arbeiten, sondern konzentrieren Sie Ihre Kräfte auf maximal zwei Themenfelder.

Das Antwortraster

Das unten abgebildete Raster besteht aus 70 Feldern, die entsprechend den Aussagen im Fragebogen nummeriert sind.

Übertragen Sie bitte die Punktzahlen, die Sie bei den einzelnen Aussagen vergeben haben, in das unten stehende Raster. Füllen Sie zunächst die oberste Zeile von links nach rechts aus, dann die zweite Zeile usw.

Wenn Sie alle 70 Antworten übertragen haben, addieren Sie die Zahlen in jeder Spalte und tragen das Ergebnis in die Summenzeile ein.

1............	2............	3............	4............	5............	6............	7............
8............	9............	10..........	11...........	12...........	13...........	14..........
15..........	16..........	17..........	18..........	19..........	20..........	21..........
22..........	23..........	24..........	25..........	26..........	27..........	28..........
29..........	30..........	31..........	32..........	33..........	34..........	35..........
36..........	37..........	38..........	39..........	40..........	41..........	42..........
43..........	44..........	45..........	46..........	47..........	48..........	49..........
50..........	51..........	52..........	53..........	54..........	55..........	56..........
57..........	58..........	59..........	60..........	61..........	62..........	63..........
64..........	65..........	66..........	67..........	68..........	69..........	70..........

Summe

Ziele	Motivation	Umfeld	Balance	Selbst-steuerung	Unter-schied	Wandel
....	....	....	....	....	....	....

Die Bereiche mit den geringsten Punktzahlen stellen die Arbeitsfelder dar, an denen Sie in der nächsten Zeit arbeiten sollten.

Grafik Ihrer persönlichen Stärken und Handlungsoptionen

Bitte übertragen Sie Ihre Punkte von der vorherigen Seite nun in das folgende Schema und verbinden Sie diese zu einem Kurvenverlauf.

Punkte	Ziele	Motivation	Umfeld	Balance	Selbst-steuerung	Unter-schied	Wandel
60							
55							
50							
45							
40							
35							
30							
25							
20							
15							
10							

Auswertung anhand eines Beispiels

Punkte	Ziele	Motivation	Umfeld	Balance	Selbst-steuerung	Unter-schied	Wandel
60							
55							
50							
45							
40							
35							
30							
25							
20							
15							
10							

Bei dieser Person liegt der größte Handlungsbedarf im Bereich Motivation und Selbststeuerung

AUF DEN PUNKT GEBRACHT
Dieser Zufriedenheitscheck gibt Ihnen die Möglichkeit, einerseits Ihre Stärken und Ressourcen herauszufinden und andererseits die Bereiche zu definieren, in denen Handlungsbedarf für Sie besteht.

3 DIE SIEBEN ELEMENTE DER ZUFRIEDENHEIT

„Zufriedenheit bringt auch in der Armut Glück; Unzufriedenheit ist Armut – auch im Glück!"

– Konfuzius

Zufriedenheit ist ein Wunsch, ein Ziel, ein angestrebter Zustand, den wohl jeder verfolgt und erreichen möchte. Viele Faktoren bestimmen die Zufriedenheit von Menschen, und Zufriedenheit wird von jedem Menschen anders erlebt. Deshalb ist Zufriedenheit etwas sehr Individuelles, und das Urteilen über den Grad der Zufriedenheit anderer wäre vermessen und in keiner Weise legitim.

Zufriedenheit – das Erreichen, Halten oder gar Ausbauen dieses Zustands – hängt von verschiedenen Elementen ab. Diesen Elementen – den aus unserer Sicht sieben wichtigsten – möchten wir uns im Folgenden widmen.

3.1 DIE FASZINATION DER ZIELE

Was ist ein Ziel? Ein Ziel ist ein eindeutig definierter Zustand zu einem eindeutig definierten Zeitpunkt. Mit dem Begriff „Ziel" wird geradezu inflationär gearbeitet. Überall stößt man auf diesen Begriff. Ziele zu haben, Ziele zu definieren, Ziele anderer zu bewerten ist en vogue.

Aber zurück zur Definition.

> Ein Ziel ist erst dann ein Ziel, wenn es in den Dimensionen Zustand und Zeit eindeutig definiert ist. Das heißt, es ist ein fester Termin gesetzt, wann das Ziel erreicht ist, und der zu erreichende Zustand ist so klar beschrieben, dass Missverständnisse nicht möglich und damit ausgeschlossen sind.

Die eigentliche Faszination von Zielen, ihr motivatorischer Charakter, kommt erst dann zum Tragen, wenn sie realistisch und erreichbar sind. Das unterscheidet Ziele von Visionen und Utopien. Um hier den Unterschied deutlich zu machen: Ziele sind messbar und greifbar; Visionen sind durchaus mögliche übergeordnete Wünsche, Bedürfnisse, Träume und Lebensziele, deren Realisierbarkeit aber erst im Zeitverlauf erkennbar wird.

Aus einer Vision wird eine Utopie, wenn eigentlich klar ist, dass es unrealistisch ist, die Vision und die daraus abgeleiteten Ziele zu erreichen, wenn aber trotzdem daran festgehalten wird.

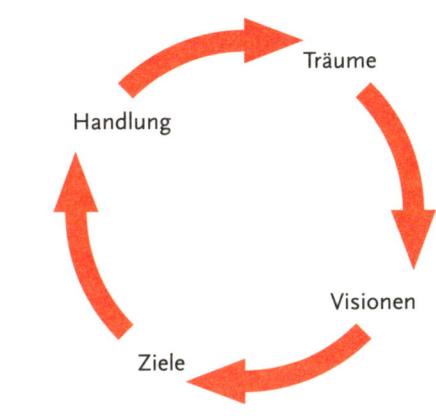

Aus unseren Träumen können Visionen entstehen, die dann über Ziele auf die Handlungsebene kommen. Das heißt, um im eigentlichen Wortsinn zu bleiben, dass eine Vision eine Erscheinung, ein Bild ist, bei dem man genau genommen erst nach einer bestimmten Zeit entscheiden kann, ob es real ist oder als Trugbild verblasst. Wohlgemerkt: nichts gegen Visionen! Visionen sind gut, und visionäre Menschen sind Menschen, die andere durch ihre Fähigkeit, Bilder zu wecken und zu beschreiben, mitreißen und begeistern. Aber nur so lange, wie sie mit Visionen arbeiten und nicht mit Utopien. Sonst führt es unweigerlich zu Frustration und Unzufriedenheit.

Aber hier geht es um Zufriedenheit. Ziele motivieren, Ziele machen zufrieden, wenn sie erreicht werden können. So gilt es, aus einer Vision Ziele abzuleiten, die jeweils für sich betrachtet realistisch sind. Ändert sich die Vision, ändern sich zwangsläufig auch die daraus resultierenden Ziele und vice versa: Können aus einer Vision abgeleitete Ziele – aus welchem Grund auch immer – nicht realisiert werden, so muss die Vision geändert werden, da sie sonst zu einer Utopie wird.

heute   Zukunft

Mit realistischen Zielen zu arbeiten bedeutet, von einem Erfolg zum anderen zu kommen. Diese Verkettung von Erfolgen motiviert und schützt vor Enttäuschung.

Beispiel

Nehmen wir ein Beispiel aus dem Sport: Sie sind Trainer eines Hochspringers, der durchaus das Potenzial besitzt, eine Höhe von 2,40 m zu überspringen. Wie bringen Sie Ihren Sportler dahin, an sich und seine Leistungsfähigkeit zu glauben und mit höchster Motivation zu trainieren? Richtig, Sie führen ihn langsam an die Höhe heran, fangen bei 2,10 m an und steigern in Abhängigkeit der Erfolge langsam die Höhe.

Wird ein Zwischenziel nicht erreicht, analysiert man, woran es gelegen hat, und gemeinsam erarbeitet man ein Konzept, mit dem das definierte Ziel am Ende doch zu erreichen ist. So bringen Sie Ihren Hochspringer dazu, auch die 2,40 m anzugehen. Die Vision, mit der Sie Ihren Sportler motivieren, ist zum Beispiel die Teilnahme an den Olympischen Spielen, und die daraus abgeleiteten Ziele sind die notwendigen Qualifikationshöhen, die übersprungen werden müssen. So, vereinfacht, arbeiten erfolgreiche Trainer.

Wir erleben in unserem Alltag allerdings sehr häufig, dass Trainer – sprich: Führungskräfte in Unternehmen – bewusst mit unrealistischen Zielen arbeiten und sich keine Gedanken darüber machen, was sie damit auslösen. Soll zum Beispiel ein Umsatzziel von 100 Millionen Euro erreicht werden, so setzen einige vorsichtshalber das Ziel auf 110 Millionen Euro.

Na ja, man baut sich halt einen Puffer ein! Was passiert, wenn 105 Millionen Euro erreicht werden? Der Trainer, die Führungskraft, ist zufrieden. Ziel nicht nur erreicht, sondern sogar übertroffen! Die Mitarbeiter sind jedoch nicht zufrieden, denn aus ihrer Sicht ist das Ziel nicht erreicht. Das Schlimme ist: Die Führungskraft kann noch nicht einmal zugeben, dass das Ziel nur 100 Millionen Euro waren, denn sonst würde sie ihre Glaubwürdigkeit ein für alle Mal verlieren.

Also muss die Führungskraft konsequenterweise ihre Mitarbeiter auch noch rügen. Passiert so etwas häufiger, erreichen Mitarbeiter ihre persönlichen Ziele oder Teamziele häufig nicht, werden sie unzufrieden und verlieren ihre Leistungsfähigkeit und Einsatzbereitschaft.

Im Privatleben ist es oft das Gleiche. Viele Menschen laufen unrealistischen Zielen hinterher und formulieren Visionen, die nüchtern betrachtet schon lange zu Utopien geworden sind. Dennoch lassen sie nicht los, sondern werden einfach unzufrieden und frustriert. Wer zum Beispiel den Lebenstraum hat, irgendwann im Alter in einem Haus in einer schönen, warmen, heiteren Gegend zu leben, sollte auch frühzeitig anfangen zu sparen, Bausparverträge abschließen und gegebenenfalls die Landessprache lernen. Sonst bleibt der Traum ein Traum!

Wir alle verfolgen bewusst oder unbewusst eine Vielzahl von Zielen der unterschiedlichsten Art, die jedoch untereinander oft in direkter Abhängigkeit zueinander stehen. Wir haben gesundheitliche Ziele, ganz persönliche Ziele, die die eigene Persönlichkeitsentwicklung betreffen. Wir verfolgen berufliche

Ziele und sollen die Ziele des Unternehmens erreichen. Wir definieren private und gesellschaftliche Ziele. Und auch diese gilt es zu erfüllen.

Das gesamte Zielkonstrukt gerät ins Wanken, wenn Schlüsselziele nicht erreicht werden, denn schlussendlich werden alle Ziele Not leidend, die dann in direkter Abhängigkeit stehen. Eine ernstere Erkrankung zum Beispiel bedeutet, dass das Gesundheitsziel „Gesund bleiben" wenigstens temporär nicht erreicht wird.

Der Einfluss auf alle anderen Ziele wird immens sein. Es gibt kaum losgelöste Ziele, die keinen Einfluss auf andere Ziele haben. Das bedeutet:

Ändert man ein Ziel, muss zwangsläufig überprüft werden, welche anderen Ziele hiervon berührt werden und inwieweit eine Zielkorrektur notwendig ist.

Damit nicht genug. Nicht alle Ziele sind gleichermaßen wichtig und haben die gleiche Priorität. Folglich müssen nicht nur die Ziele klar und eindeutig definiert werden, sondern es müssen auch jeweils ihre Prioritäten festgelegt werden.

Die Prioritäten sind dann von Bedeutung, wenn zum Beispiel durch geänderte Rahmenbedingungen Zielkonflikte entstehen.

Beispiel

Sie möchten Karriere machen und auf der Hierarchieleiter die nächste Stufe erklimmen. Ihre Leistung und Ihr Engagement werden anerkannt und folglich kommt das Angebot, einen verantwortungsvollen Posten in den USA zu übernehmen. Auf der anderen Seite ist es aber auch Ihr klar definiertes Ziel, Ihre Familie in einem wohl behüteten und geregelten gesellschaftlichen Umfeld zu sehen. Ihre Partnerin oder Ihr Partner möchte auf keinen Fall in die USA.

Sie sind also in einer Dilemmasituation, ausgelöst durch zwei sich konträr gegenüberstehende Ziele. Beides geht nicht, eine klare Entscheidung ist gefragt – und hierzu brauchen Sie Prioritäten!

Ziele zu definieren, Ziele zu verfolgen und Ziele den sich ständig ändernden Rahmenbedingungen anzupassen, ist eine anspruchsvolle Aufgabe, die jedoch große Zufriedenheitspotenziale bietet. Was die Definition von Zielen betrifft, so ist in der einschlägigen Literatur oft das Schlagwort „SMART" zu lesen. Die einzelnen Buchstaben stehen hier für bestimmte Bedingungen, die ein Ziel erfüllen muss:

- **Simpel:** Ein Ziel muss so definiert sein, dass es unmissverständlich ist und möglichst keinen Raum für Interpretationen zulässt.
- **Messbar:** Ein Ziel muss messbar sein. Gerade bei qualitativen Ziele ist es unerlässlich, die zu erreichende Qualität eindeutig festzulegen.
- **Attraktiv:** Ein Ziel muss attraktiv und motivierend sein. Es soll Herzblut wecken und durch Emotionalität begeistern.
- **Realistisch:** Ein Ziel muss realistisch erreichbar sein. Sowohl in der Quantität und Qualität als auch im definierten Zeitrahmen.
- **Terminiert:** Ein Ziel muss auf der Zeitachse klar definiert sein. Das heißt, man muss ein eindeutiges Datum für die Zielerreichung festlegen.

Hält man sich an „SMART" und geht man in der Definition von Zielen so strukturiert vor wie beschrieben, dient das nicht nur der semantischen Verständlichkeit, sondern man wird gleichermaßen dazu gezwungen, die einzelnen Parameter auf tatsächliche Realisierbarkeit zu überprüfen.

Kommen wir zurück zu unserer Geschichte. Die Ziele von Jürgen und Claudia waren zuerst einmal durchaus realistisch: Jürgen macht Karriere, verdient viel Geld. Sie bekommen Kinder, leben in einem schönen Haus in einem gesellschaftlich guten Umfeld. Später steigt auch Claudia wieder ins Berufsleben ein. Dennoch möchte sie aber auch noch ausreichend Zeit für sich und ihre Hobbys haben. Entlastung sollte hier durch ihre Eltern gegeben sein.

Waren das, was die beiden gemeinsam definiert haben, aber wirklich Ziele? Oder unterlagen sie nicht einfach dem „Schneller-höher-weiter-Syndrom"? Tatsächlich waren es mehr Wünsche denn Ziele. Quantitäten und Qualitäten waren nicht klar, ebenso wenig wie Zeiten und Zeiträume, in denen die „Ziele" erreicht sein sollten.

Es war vielmehr wie das sukzessive Erklimmen einer Treppe: Habe ich eine Stufe erreicht, kommt als Nächstes die nächsthöhere. Jürgen und Claudia haben nie gelernt, mit dem glücklich zu sein, was gerade erreicht war. Bei Claudia und Jürgen weckte das Erreichte nur wieder neue, gesteigerte Bedürfnisse. Ein Verbleiben auf einer Stufe, Stillstand, war aus ihrer Sicht Rückschritt. Der Weg nach vorn immer ein Weg nach oben!

Unsere Protagonisten haben ferner nicht bedacht, dass sich Rahmenbedingungen ändern können. Ihr Zielsystem (besser: Wunschsystem!) basierte auf einem statisch ruhenden oder sich sogar weiter positiv entwickelnden Umfeld – und das gibt es in unserer wunderbaren Welt wirklich nicht! So etwas wie die Finanzkrise hatten die beiden – wie unendlich viele andere – nicht in ihrer Lebensplanung berücksichtigt.

Ganz nebenbei: Diese Krise hat deutlich gemacht, wie durch einen Dominoeffekt im weltweiten Finanzsystem Menschen und Organisationen dazu gezwungen wurden, ihre Planungen und Ziele zu überprüfen und gegebenenfalls zu revidieren. Eine solche Krise ist niemals konkret planbar beziehungsweise vorhersehbar. Sie hat uns aber sehr deutlich vor Augen geführt, dass „Schneller, höher, weiter" nicht grenzenlos möglich ist.

Ressourcen sind endlich! Sowohl die der Welt als auch die der Menschen und Organisationen. Ein beständiges Wachstum kann es nicht geben. Glaubt man an ein beständiges Wachstum, ist das Risiko, unzufrieden zu werden, sehr groß, weil die Wachstumsziele nicht erreicht werden.

Jürgen und Claudia wurden nicht nur von der Krise „erwischt". Ihre Ziele waren auch ohne Krise, vorsichtig formuliert, „extrem ambitioniert". Und hatten sie ihre Ziele, die eigentlich Visionen, wenn nicht Utopien waren, nicht auf Abhängigkeiten untereinander überprüft, sie passten sie auch nicht an geänderte Rahmenbedingungen an, sondern alles lief in geregelten Bahnen – in Richtung Unzufriedenheit!

Was sie zusätzlich noch tiefer in diese Unzufriedenheit stürzte, war der Umstand, dass Jürgen und Claudia nicht sich selbst und ihre überzogenen, von reinem Wunschdenken geprägten „Ziele" für ihre eigene Frustration verantwortlich machten. Ihr Umfeld, ihre Umwelt und der Partner waren – so meinten sie – verantwortlich, waren schuld.

> Schlussendlich geht es darum, realistische Ziele im Kontext einer realistischen Vision zu entwickeln.

TUN	WOLLEN	VISION
Kurzfristige, klar formulierte Handlungsziele	Konkrete Vorstellungen von Zielen	Ideen, Träume, Wünsche

Ändert sich etwas, werden Zwischenziele nicht erreicht oder übererreicht, gehören die Vision und die daraus abgeleiteten Ziele auf den Prüfstand. Es kann nicht immer nur nach oben gehen, sondern manchmal ist Bestandswahrung oder gar ein Rückschritt Teil unseres Lebens.

Ebenso muss uns bewusst sein, dass in Partnerschaften die persönlichen Ziele regelmäßig abgeglichen werden müssen. Gehen die persönlichen Ziele der Partner mehr und mehr auseinander oder, schlimmer noch, waren sie nie deckungsgleich, ist die Definition eines gemeinsamen Lebenszieles im Grunde genommen nicht mehr möglich.

Natürlich gibt es keine Anleitung, kein Rezept zum Glücklichsein und auch keine Anleitung, wie man tiefe Lebenszufriedenheit erlangt. Uns sollte nur bewusst sein, dass eine realistische Lebensplanung, die dann, weil sie nach und nach eintritt, Zufriedenheit zur Folge hat, in Abhängigkeit dazu steht, ob wir aus unseren Träumen und Visionen auf die Handlungsebene gekommen sind und Ziele tatsächlich in Handlungen umgesetzt haben.

Im Folgenden haben wir einige beispielhafte Visionen definiert und die daraus resultierenden Handlungsfelder beschrieben. Sie sollen für Sie die Basis sein, um anhand des Arbeitsblatts im Anhang einmal selbst zu überprüfen, inwieweit Sie mit Ihren Träumen und Visionen bereits auf der Handlungsebene sind.

ZIELE EINER FÜHRUNGSKRAFT

1.

Vision	Vorstand werden
Wollen	Nächste Führungsebene erreichen
Tun	Engagement zeigen, Fortbildungen besuchen, Leistung bringen

2.

Vision	Akzeptanz als Führungskraft bei den Mitarbeitern erreichen
Wollen	Fachliche und persönliche Akzeptanz
Tun	Aufbau einer Feedbackkultur, Ansprechpartner für fachliche und persönliche Anliegen sein

ZIELE EINES VATERS

1.

Vision	Glückliches Zusammenleben in der Familie
Wollen	Akzeptanz jedes Familienmitglieds erreichen
Tun	Miteinander reden, andere Meinungen akzeptieren

2.

Vision	Gutes Abitur der Tochter
Wollen	Stabile Leistung im Fach Mathematik
Tun	Nachhilfe in Mathematik

ZIELE EINES KINDES

1.

Vision	Ingenieur werden
Wollen	Gutes Abitur schaffen
Tun	Intensiv Englisch lernen

2.

Vision	An den Bundessportmeisterschaften einer Sportart teilnehmen
Wollen	Stammspieler der Mannschaft werden
Tun	Regelmäßig trainieren, Kondition aufbauen

ZIELE EINES HOCHLEISTUNGSSPORTLERS

1.

Vision	An den Olympischen Spielen teilnehmen
Wollen	Die Qualifikation erreichen
Tun	Täglich trainieren

2.

Vision	Erfolgreichster Rennfahrer aller Zeiten werden
Wollen	An der Weltmeisterschaft teilnehmen
Tun	Das nächste Rennen gewinnen

ZIELE EINES MENSCHEN

1.

Vision	Zufriedenheit
Wollen	Lebensbalance erreichen
Tun	Die Arbeitsblätter in diesem Buch bearbeiten

2.

Vision	Gesundheit im Alter
Wollen	Sport treiben
Tun	Jetzt loslaufen, nicht morgen!

Und? Wie sieht es mit Ihren Zielen aus? Sind es wirklich Ziele oder sind es doch mehr Visionen? Und wenn es tatsächlich erreichbare und klar definierte Ziele sind, wie sehr sind Sie auf der Handlungsebene, um dieses Ziel in der definierten Zeit tatsächlich zu erreichen?

AUF DEN PUNKT GEBRACHT

Wir brauchen Ziele zur Orientierung und definieren so Bilder unserer Zukunft. Sie sind Wegweiser und Antriebsmotor zugleich. Die für uns richtigen Lebensentscheidungen können wir nur auf der Basis unserer Ziele treffen. Das Gefühl der Zufriedenheit stellt sich ein, wenn wir die Bilder unserer Zukunft auch realisieren.

Wir laden Sie ein, auf der Basis von Arbeitsblättern, die Sie auf der diesem Buch beiliegenden CD-ROM finden, Ihre eigenen Ziele zu reflektieren und zu präzisieren. Die Arbeitsanleitungen helfen Ihnen, Ihre Ziele auf die Handlungsebene zu bringen. Was bleibt, ist es zu tun – denn, wie Erich Kästner schon sagte: *„Es gibt nichts Gutes – außer man tut es."*

Arbeitsblatt 1: Wie kommen Träume auf die Handlungsebene?
Dieses Arbeitsblatt unterstützt Sie dabei, aus Ihren Träumen Visionen zu entwickeln und diese durch Formulierungen vom Wollen und Tun in konkrete Maßnahmen umzusetzen.

Arbeitsblatt 2: Wie entwickele ich kraftvolle Zielbilder? (Beispiel)
Anhand von konkreten Beispielen zeigen wir Ihnen, wie man Ziele mit der VAKOG-Methode über die fünf Sinneskanäle kraftvoll formulieren kann.
V – visuell (sehen)
A – auditiv (hören)
K – kinästhetisch (fühlen)
O – olfaktorisch (riechen)
G – gustativ (schmecken)

Arbeitsblatt 3: Wie entwickele ich kraftvolle Zielbilder?
Dieses Arbeitsblatt unterstützt Sie dabei, Ihre eigenen Ziele kraftvoll zu formulieren.

Arbeitsblatt 4: Wie formuliere ich Handlungsziele? (Beispiel)

Eine andere Variante, Ziele kraftvoll zu formulieren, finden Sie in diesem Arbeitsblatt. Beispiele veranschaulichen Ihnen die Methode SMART.

S – simpel
M – messbar
A – attraktiv
R – realistisch
T – terminiert

Arbeitsblatt 5: Wie formuliere ich Handlungsziele?

Dieses Arbeitsblatt unterstützt Sie dabei, Ihre eigenen Ziele kraftvoll zu formulieren.

Arbeitsblatt 6: Wie finde ich die richtigen Prioritäten für meine Ziele?

Falls Ihre Ziele miteinander konkurrieren oder Sie sich nicht sicher sind, welchem Ziel Sie den Vorzug geben möchten, haben Sie mit diesem Arbeitsblatt die Möglichkeit, sich mittels Leitfragen Klarheit zu verschaffen.

3.2 MOTIVATION – TREIBSTOFF FÜR UNSER HANDELN

Motivation ist der Grund dafür, dass Menschen bestimmte Dinge tun beziehungsweise nicht tun. Oder besser: Sie ist die stärkste Triebfeder des Menschen. Sie sorgt dafür, dass wir Dinge mit Engagement vorantreiben, aber auch bestimmte Dinge bewusst *nicht* tun. Folglich ist die Frage nach Motivation auch gleichzeitig die Frage nach dem Warum des menschlichen Verhaltens, Agierens oder Erlebens.

Verhalten, das durch Motivation ensteht, zeichnet sich vor allem dadurch aus, dass es aktiv vom Menschen ausgeht und nicht unmittelbar von außen beeinflusst wird. Die Verhaltensgründe sind also im Menschen selbst zu finden.

In unserem Sprachgebrauch ist Motivation (lateinisch: motus = die Bewegung) sehr oft ausschließlich positiv besetzt. Im Prinzip ist das auch richtig – wenigstens aus Sicht des Handelnden. Aus Sicht desjenigen jedoch, der das Ergebnis der Taten eines hoch motivierten Menschen zu tragen hat, kann das ganz anderes aussehen. Denken Sie hier an die Anschläge von Selbstmordattentätern oder an den 11. September 2001. Auch hier waren es hoch motivierte – fanatische – Menschen, die diese Taten begangen haben; die Auswirkungen ihres Tuns waren aber alles andere als positiv.

Wir möchten uns hier aber natürlich nicht mit den Motiven für kriminelle oder terroristische Taten beschäftigen, sondern ausschließlich mit der Kraft, die uns dazu bringt, positive Dinge voranzutreiben. Also, was ist unsere Motivation, unser Treibstoff, der uns vorantreibt?

3.2.1 Motivation – Erklärungen

„Motivation stammt aus dem Lateinischen (movere = bewegen) und ist die Gesamtheit von Motiven, die einen Menschen zu einer Handlung bewegen. Es gibt verschiedene Arten von Motivation. Die Anreizmotivation, die Verstärkung und die Triebreduktion. Motivation wird auch in primäre (intrinsische) und sekundäre (extrinsische) Motivation unterteilt." (G. Drosdowski)

Ein Synonym von Motivation ist Verhaltensbereitschaft. Diese Verhaltensbereitschaft versucht immer, einen subjektiv erwarteten Nutzen zu erreichen oder zu maximieren. Wichtig ist in diesem Zusammenhang der Begriff des „subjektiven Nutzens", denn jedes Individuum ist anders und hat sehr unterschiedliche Bedürfnisstrukturen und Wertesysteme.

Bis in die heutige Zeit wird die Maslow'sche Bedürfnishierarchie beziehungsweise Bedürfnispyramide viel zitiert und als beispielhaft bezeichnet. Maslow ging jedoch in seiner Theorie davon aus, dass ein Mensch bestrebt ist, zuerst die Bedürfnisse der niedrigsten Stufe zu befriedigen. Hat er diese Bedürfnisse befriedigt, kümmert er sich Maslow zufolge um die Bedürfnisse der nächsten Stufe usw.

Diese hierarchische Bedürfnisstruktur ist jedoch in keiner Weise empirisch belegt. Wir sind darüber hinaus sogar der Meinung, dass uns die Realität etwas anderes lehrt: Es gibt viele Menschen, denen ihre eigene Selbstverwirklichung so wichtig ist, dass sie nur sehr gering ausgeprägt ein Streben nach Sicherheit, sozialen Beziehungen und sozialer Anerkennung entwickeln oder diese Bedürfnisse sogar bewusst vernachlässigen.

Trotzdem haben die fünf von Maslow beschriebenen Bedürfnisebenen immer noch ihre Relevanz, da jeder Mensch jede dieser Ebenen ständig durchläuft – oftmals, ohne es bewusst wahrzunehmen.

Die Maslow'sche Bedürfnispyramide

Ein Mensch arbeitet und entwickelt irgendwann ein Hungergefühl – dann ist er auf der untersten Ebene der Pyramide. Nach dem Essen arbeitet er an etwas, was ihm wirklich Spaß macht, dann ist er auf der obersten Ebene. Eine halbe Stunde später erzählt er einem Kollegen, was er Tolles geleistet hat – dann ist er auf der Ebene der sozialen Beziehungen. Abends trifft er sich mit einem Versicherungsvertreter. Wo ist er dann? Richtig: auf der Ebene der Sicherheit. Das heißt: Wir sind ständig auf den unterschiedlichen Ebenen unterwegs. Allerdings, so glauben wir, nicht, wie Maslow es beschrieben hat, in einer hierarchischen Abhängigkeit, sondern eher rollengesteuert und situationsabhängig.

Und auch hier ist natürlich jeder Mensch, jedes Individuum anders. Jeder definiert die Wichtigkeit der einzelnen fünf Bedürfnisebenen anders. Für den einen ist die soziale Anerkennung wichtiger als für den anderen, für einen Dritten geht Sicherheit über alles und der Vierte setzt als Extrembergsteiger für seine Selbstverwirklichung alles aufs Spiel.

Wie bereits beschrieben, werden Menschen von den unterschiedlichsten Antreibern – auch Motivatoren genannt – dazu bewegt, Dinge zu tun oder zu lassen. Jeder Mensch ist grundsätzlich motiviert. Unterschiedlich sind nur die jeweilige Intensität der Motivation und die Beweggründe, die Motive, die hinter dem Handeln stehen. Und das Motiv bestimmt die Ziele, den persönlichen Einsatz, die Energie, die freigesetzt wird, und die Ausdauer und Nachhaltigkeit, mit der an der Zielerreichung gearbeitet wird.

In der Motivationstheorie wird, wie wir schon gesehen haben, zwischen intrinsischer Motivation („Die Person *ist* motiviert") und extrinsischer Motivation („Die Person *wird* motiviert") unterschieden. Auf diese unterschiedlichen Dimensionen werden wir auf den nächsten Seiten eingehen.

Intrinsische Motivation

Die intrinsische Motivation, in der Pädagogik auch Primärmotivation genannt, steuert das selbstbestimmte Handeln. Alle Verhaltensmuster stimmen mit der eigenen Auffassung überein, sie sind stark interessenbestimmt und zur Aufrechterhaltung der Energie sind keine weiteren Anstöße notwendig. Die intrinsische Motivation ist nicht nur ein wesentlicher Faktor für Leistung und Leistungsbereitschaft, sondern insbesondere wichtig für die Zufriedenheit eines Menschen.

> Je mehr ein Individuum dazu in der Lage ist, die Dinge zu tun, die es gern tun möchte, desto größer ist seine Zufriedenheit.

Es gibt bestimmte Gruppen von Menschen, bei denen die intrinsische Motivation besonders ausgeprägt ist: Menschen in sozialen und pflegenden Berufen, Künstler, Sportler, Hobbytreibende, ehrenamtlich tätige Menschen, Mitarbeiter in Non-Profit-Unternehmen etc.

Allen gemein ist, dass ihnen die Befriedigung durch die Tätigkeit und das Feedback des Umfelds deutlich wichtiger ist als der monetäre Nutzen. Ganz einfach gesagt: Hier wird nicht nur wegen des Geldes gearbeitet, sondern hier geht es um Erfüllung. Beruf als tatsächliche Berufung!

Intrinsisch motivierte Menschen betreiben folglich Aktivitäten ohne das Vorhandensein jedweder externer Anreize. Der Spaß und die persönliche Erfüllung treiben den Menschen an.

Extrinsische Motivation

Extrinsisch motivierte Verhaltensweisen treten in den seltensten Fällen spontan auf, sondern sind meist das Ergebnis eines oder mehrerer Anreize. Das heißt, extrinsische Motivation kommt von außen und ist nicht oder nur in geringem Maße ein Ausdruck des eigenen Wollens. Prämien- und Anreizsysteme in vielen Unternehmen sind das beste Beispiel für extrinsische Motivationsfaktoren.

> Die Zufriedenheit, die durch extrinsische Motivation ausgelöst wird, ist aber immer nur von kurzer Dauer.

Und, noch schlimmer: Extrinsische Motivatoren, die in den Handlungsablauf einer eigentlich intrinsisch motivierten Handlung eingeführt werden, unterminieren das Gefühl der Selbstbestimmung und entwerten so die Tätigkeit und ihre individuelle Wertigkeit.

In vielen Unternehmen hat die Motivation der Mitarbeiter mehr mit den Grundprinzipien der Hundeerziehung zu tun als mit den Grundsätzen angemessener Menschenführung. Es wird fast ausschließlich in extrinsischen Kategorien gedacht. Über die intrinsische Motivation der Menschen in der Organisation macht man sich oftmals keine oder nur wenig Gedanken. Kategorien der Motivation sind: „geldwerter Vorteil" auf der einen und „Druck und Sanktion" auf der anderen Seite. Übrigens basieren alle umsatzorientierten Vergütungssysteme auf extrinsischer Motivation.

Dieses Phänomen findet sich jedoch nicht nur in Unternehmen, sondern ebenso im privaten Umfeld: in der Kindererziehung, im Umgang mit Partnern, im Freundeskreis usw. Wir überlegen ständig, was wir anderen bieten können, damit sie etwas für uns tun, oder wir überlegen, was wir für Anreize schaffen müssen, damit andere Menschen etwas für sich selbst tun.

„Mein Haus, mein Auto, mein Boot, mein Pferd!" Kennen Sie das? Auch das ist extrinsische Motivation! Allerdings eine Form der extrinsischen Motivation, die nicht extern durch Anreize von anderen Menschen geschaffen wird. Nein, in diesem Fall schafft sich das Individuum die Anreize selbst: durch Geltungsbedürfnis. Folglich kommt dieses Motiv zwar von innen, aus dem eigenen Willen, ist aber ausschließlich extern gesteuert, da das Feedback, die Anerkennung, ausschließlich von außen kommt.

Motivation: verschiedene Anreizmodelle für menschliches Verhalten

Der „Spaßfaktor"

Wir wollen Spaß! Das stimmt! Die Begriffe „Spaß" und „Motivation" sind eng miteinander verbunden und bedingen sich zum Teil gegenseitig. Eine Geschichte aus unserer Beratungspraxis zeigt das Spannungsfeld zwischen Motivation und Spaß:

Wir waren von einem mittelständigen, inhabergeführten Unternehmen beauftragt worden. Die Aufgabenstellung lautete, die Effizienz zu steigern und insbesondere die – recht hohen – Fehlerquoten zu senken. Um Ansätze für unsere Arbeit zu finden, führten wir im Vorfeld eine Mitarbeiterbefragung durch.

Das Ergebnis zeigte eindeutig, dass bei vielen Mitarbeiterinnen und Mitarbeitern ein Motivationsproblem bestand. Die Gründe waren unter anderen: wenig Anerkennung und wenig persönliche Wertschätzung, kaum neigungsgerechter Einsatz im Produktionsprozess, kaum Perspektiven und ein insgesamt sehr autoritärer, ablauforientierter Führungsstil.

Wir präsentierten unser Befragungsergebnis dem Inhaber, und als wir das Wort „Motivationsproblem" aussprachen, bekamen wir folgendes Feedback: *„Die Leute sollen keinen Spaß haben, sondern vernünftig arbeiten und Leistung bringen!"* Aha, keinen Spaß haben dürfen und ganz viel Leistung bringen.

Daraufhin fragten wir nach kurzer Überlegung den Firmeninhaber, welche Tätigkeiten er besonders gut beherrscht und in welchem Bereich er seine besten Ergebnisse erzielt. Obwohl er mit der Frage nicht allzu viel anfangen konnte, nannte er, zugegebenermaßen recht ungehalten, einige Dinge. Nun kam unsere entscheidende Frage: *„Warum sind Sie bei diesen Arbeiten so gut und so leistungsfähig?"* Antwort: *„Das geht mir leicht von der Hand, das macht mir Spaß!"*

Auch wenn dem Unternehmer die Bedeutung des Ausgesprochenen in dem Moment nicht klar war, so war es doch für uns der Ansatz, ihm den Zusammenhang von Leistung und Spaß am eigenen Beispiel zu verdeutlichen.

Wir müssen uns von dem Irrglauben lösen, Motivation sei etwas rein Kognitives, also immer ausgelöst durch allgemeingültige Schemata und damit gedanklich immer bewusst erfasst und verarbeitet. Umgangssprachliche Äußerungen wie *„Das mag ich nicht! Dazu habe ich Lust! Das macht Spaß! Den kann ich gar nicht leiden! Das schmeckt gut! Das macht mir Angst! Das will ich nicht!"* sind Belege für einen bestimmten Gemütszustand, der wiederum Handlungen auslöst.

3.2.2 Bedingungen des Verhaltens

Verhalten und Handlungsweisen sind individuell und nicht immer für jedermann nachvollziehbar und schlüssig. Darüber hinaus ist Verhalten bedingt durch viele unterschiedliche Faktoren von außen.

Wenn wir uns also fragen, warum ein Individuum sich nicht so verhält, wie wir uns das wünschen oder wie wir uns selbst in dieser Situation verhalten hätten, sollten wir nicht vorschnell auf nur eine denkbare Ursache hinweisen, sondern uns fragen:

- Lag es am „Wollen"? (Persönliches Wollen)
- Lag es am „Können"? (Individuelles Können)
- War es erlaubt? (Soziales Dürfen)
- Ließ die Situation es zu? (Situative Ermöglichung)
- War es intrinsisch oder extrinsisch motiviert?

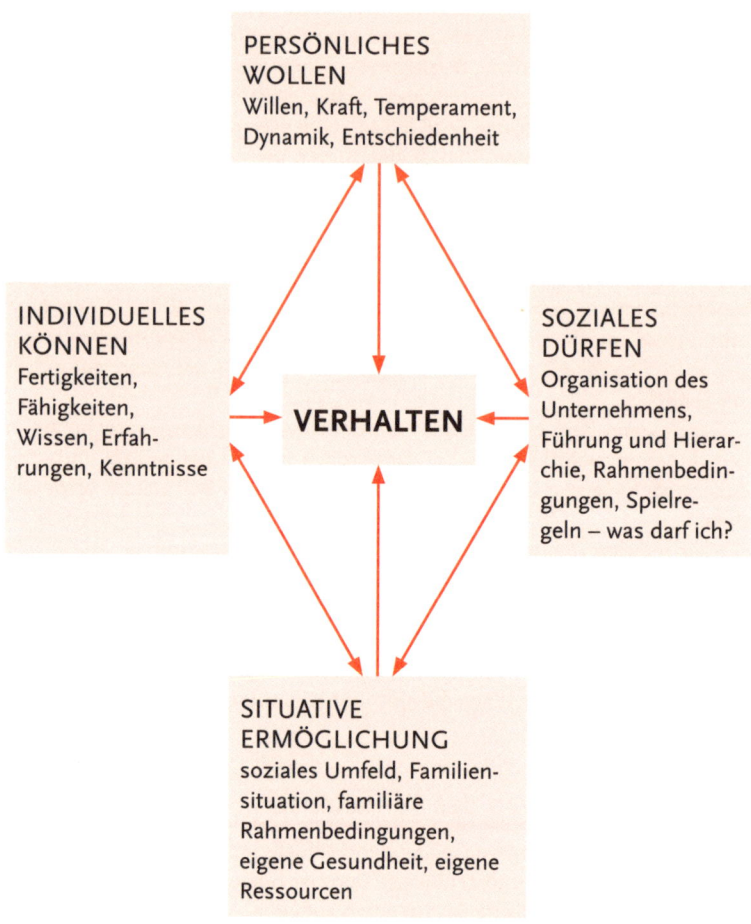

Bedingungen des Verhaltens

Die Steuerung des Verhaltens eines Menschen ist also immer ein mehrdimensionales Modell bestehend aus unterschiedlichen internen und externen Faktoren, die teilweise vollkommen unabhängig voneinander sind und sich gegebenenfalls sogar entgegenstehen.

Es reicht nicht, etwas zu wollen und zu können, sondern die externen Rahmenbedingungen müssen die Handlung sowohl sozial als auch situativ ermöglichen.

3.2.3 Verantwortung für Motivation

„Und wer motiviert mich?" Oder: *„Niemand motiviert mich!"* Das sind Aussagen, die sicherlich jeder schon einmal gehört hat oder sogar selbst in dieser oder ähnlicher Form geäußert hat. Entscheidend ist, einmal zu reflektieren, wer eigentlich verantwortlich dafür ist, wie ich mich selbst verhalte, mit anderen Worten: wer für meine Motivation eigentlich verantwortlich ist!

Wir alle haben Wahl- und Entscheidungsfreiheit – mal mehr, mal weniger. Mal lässt man uns, mal lässt man uns nicht.

> Wir müssen uns darüber im Klaren sein, dass wir selbst dafür verantwortlich sind, ob und wie wir mit den Freiheiten und Freiräumen, die uns zur Verfügung stehen, leben wollen.

Blicken wir auf die Geschichte der Menschheit zurück: Unsere Vorfahren haben in Befreiungskriegen dafür gekämpft und nicht selten ihr Leben dafür geopfert, um mehr Freiheiten zu erstreiten. Wahlfreiheit, Mitbestimmung, staatliche Mitgestaltung sind keine selbstverständlichen Güter, sondern für sie ist in der Vergangenheit gekämpft worden.

Selbst in der heutigen Zeit sind diese Werte zwar in unserem Kulturkreis selbstverständlich, in anderen Kulturen und Ländern jedoch nicht. Für Redefreiheit, Meinungsfreiheit, Glaubensfreiheit wird auf unserer Welt immer noch gekämpft und gestritten.

Wenn Sie sich einmal in unterschiedlichen Unternehmen und Organisationen umschauen, so werden Sie auf die gleichen Umstände stoßen: Ebenso wie die Staatsform die Freiheitsgrade der Bürger bestimmt, prägt und bestimmt die Unternehmenskultur die Freiheitsgrade der Mitarbeiter. Die Unternehmenskultur entscheidet, wie frei sich ein Mitarbeiter im Unternehmen, in seiner Abteilung und an seinem Arbeitsplatz bewegen kann. Und auch für diese Freiheiten wurde einmal gekämpft!

Im Grunde genommen läuft alles auf die Freiheit des Individuums hinaus. Die Freiheit im Staat, die Freiheit im Unternehmen und auch die Freiheit in der Familie.

> Selbstbestimmung fördert Motivation. Fremdbestimmung vernichtet beziehungsweise verhindert sie.

Wie sehr ein Mensch jedoch fremdbestimmt ist, liegt – zumindest in unserer Kultur – schlussendlich an ihm selbst. Natürlich lässt sich ein gewisses Maß an Fremdbestimmung, das das Leben in einer Gemeinschaft mit sich bringt, nicht verhindern, aber für alles, was darüber hinausgeht, ist jeder selbst verantwortlich. Über allem steht die Vereinbarung mit sich selbst – die Selbstverantwortung. Schlüsselfrage ist hier: Will ich wirklich das tun, was ich selbst von mir erwarte? Will ich wirklich das tun, was von mir erwartet wird?

Da jeder von uns die Freiheit hat, Entscheidungen zu treffen, dürfen wir nicht die Verantwortung für die eigene Motivation in die Hände anderer legen. Jeder ist für seine Motivation verantwortlich! Ganz oben auf der Entscheidungskaskade muss die stärkste Aussage der intrinsischen Motivation stehen: *„Ja, ich will!"* Will ich wirklich, kommt der Abgleich beziehungsweise die Verpaarung mit den Faktoren der extrinsischen Motivation. Kommt es hier zu einem optimalen Zusammenspiel, ist auch das Ergebnis optimal.

Das heißt noch einmal zusammenfassend, dass das Wollen die stärkste Triebfeder der Motivation ist. Kommen dann auch noch extrinsische Faktoren hinzu, wird die ureigene Motivation verstärkt und die Leistungsbereitschaft und Leistungsfähigkeit sind extrem stark. In einer Fernsehdiskussion, die vor kurzer Zeit gesendet wurde, sagte ein Schriftsteller über sich selbst: *„Ich werde für mein Hobby bezahlt!"* Was will man mehr? Ein Hobby ist immer intrinsisch gesteuert – wird man dann auch noch dafür bezahlt, ist es perfekt.

Hinterfragen Sie einmal selbst, inwieweit Ihre wichtigsten Tätigkeiten, Aufgaben und Verhaltensweisen intrinsisch oder extrinsisch motiviert sind. Sie werden sehr schnell zu dem Schluss kommen, dass es hier kein „Entweder – oder" gibt, sondern fast immer ein „Sowohl – als auch". Es wäre im Hinblick auf Ihre Zufriedenheit nur wünschenswert, dass der deutlich größere Teil Ihrer Aktivitäten intrinsisch motiviert ist, denn Achtung: Extrinsische Motivation ist oft gleichzusetzen mit Fremdbestimmung. Schließlich bietet Ihnen jemand etwas dafür, dass Sie etwas für ihn tun.

Natürlich gibt es externe Einflüsse und innere Blockaden, die Motivation verhindern, verringern oder gar zerstören. Beispiele hierfür: unklare, unrealistische Ziele, unklare Kommunikation, inadäquater Druck, mangelndes Vertrauen, mangelnde persönliche Wertschätzung, fehlende Anerkennung und fehlendes Lob, Ängste, unklare Perspektiven, fehlendes Selbstbewusstsein.

Aber auch hier gilt das Prinzip der Selbstverantwortung. Wie heißt es doch so schön? „Jeder ist seines Glückes Schmied!" Gegen negative Einflüsse, die im Menschen selbst begründet sind, kann man angehen. Allerdings muss man sie erst einmal als Problemfeld erkannt haben.

Eigentlich ist ein Problem etwas sehr Positives. Ist es erst bekannt, liegt im Grunde genommen der Schlüssel zu seiner Lösung bereits vor.

Auch gegen negative Einflüsse von außen kann man sich wehren. In vielen Fällen können diese negativen Einflüsse nicht beseitigt oder abgeschwächt werden. Eines geht aber (fast) immer: Es ist möglich, sich diesen negativen Einflüssen zu entziehen oder eine andere Einstellung beziehungsweise einen anderen Blickwinkel einzunehmen. Dies ist keine Flucht, sondern ein Schritt in Richtung eines selbstbestimmten und selbstverantwortlichen Handelns. Ein solcher Schritt geht sehr oft mit einem Verzicht oder Verlust einher.

Selbst in einer wirtschaftlichen Krise, in der die negativen Auswirkungen auf fast alle Teile unserer Gesellschaft spürbar sind, kann jeder für sich entscheiden, wie er persönlich mit der Krise umgeht. Fatalistisch und untätig in den Sessel zu sinken, ist sicherlich die schlechteste Alternative. Laut auf diejenigen schimpfen, die möglicherweise die Krise ausgelöst haben, ist eine weitere Alternative – aber auch keine gute, denn es ändert nichts.

> Sich aktiv der Krise zu stellen, die Krise als Chance zu verstehen und daraus das Beste unter den sich verändernden Rahmenbedingungen zu machen, ist ein guter Weg.

Auch wenn es nicht sofort gelingt, so kann man sich später auf jeden Fall nicht den Vorwurf machen, es nicht wenigstens versucht zu haben. Und: Man bleibt auf der selbstbestimmten Handlungsebene.

Ein Phänomen, das immer wieder anzutreffen ist: Es gibt in jeder Organisation Menschen, die, wenn sie gefragt werden, ob sie in dem von ihnen ausgeübten Beruf glücklich und zufrieden seien, sehr spontan mit „Nein" antworten. Warum machen die Menschen das, was sie machen? Natürlich kann nicht jeder Mitarbeiter, der mit seiner Tätigkeit unzufrieden ist und den seine Tätigkeit nicht mehr ausreichend ausfüllt, sofort kündigen und seinen Job „hinschmeißen". Das Gleiche gilt für Partnerschaften: Wenn jemand mit bestimmten Facetten seiner Partnerschaft nicht (mehr) zufrieden ist, ist die sofortige Trennung nicht die einzige und die einzig richtige Alternative.

Viele Menschen sind – aus ihrer sehr persönlichen Sicht – in auswegios erscheinenden Situationen der Unzufriedenheit verankert. Sie klagen darüber und leiden selbstverständlich wirklich. Allerdings haben sie in den meisten Fällen nicht wirklich versucht, etwas an der Situation, die sie nicht mögen, zu ändern. Es ist leider wahr: Klagen ist sehr viel einfacher als handeln.

Ist der Betroffene darüber hinaus nicht bereit, den Preis, den eine Veränderung nun mal hat, zu bezahlen, weil er nur noch in der Kategorie „Schneller, höher, weiter" denkt, wird er aus dieser für ihn so unbefriedigenden Situation nicht mehr hinauskommen. Das Klagen nimmt zu, das Leiden auch, und auf die Handlungsebene zu kommen wird immer schwieriger.

Love it, change it, or leave it!

Magst du die Situation, in der du dich befindest, besteht kein Handlungsbedarf. Also: **Liebe sie!**

Magst du die Situation, in der du dich befindest, nicht, besteht Handlungsbedarf. Also: **Versuche die Situation in deinem Sinne zu verändern! Aber klage nicht!**

Magst du die Situation, in der du dich befindest, nicht und kannst du wirklich nichts daran ändern, besteht ebenfalls Handlungsbedarf. Also: **Verlasse die Situation!**

Magst du die Situation, in der du dich befindest, nicht und kannst du wirklich nichts daran ändern, ist dir der Preis für das Verlassen aber zu hoch, besteht wieder Handlungsbedarf. Also: **Arrangiere dich mit der Situation, versuche, sie zu lieben, und vergiss nicht, der Preis für ein Verlassen war dir zu hoch! Und bitte: Nicht klagen!**

3.2.4 Motivation und Zufriedenheit

Henne oder Ei? Ist Zufriedenheit eine Funktion der Motivation? Oder folgt aus Zufriedenheit die Kraft der Motivation? Im Grunde genommen ist es müßig, hierüber zu diskutieren oder gar zu philosophieren. Natürlich besteht hier ein enger Zusammenhang und eine wechselseitige Abhängigkeit. Machen wir es uns ganz einfach: Motivierte Menschen sind zufrieden und zufriedene Menschen sind motiviert!

Ist Ihnen das zu trivial? Macht nichts! Betrachtet man den Zusammenhang zwischen Motivation und Zufriedenheit, so muss man sich von der Vorstellung lösen, dass Motivation, oder besser Motivatoren, grundsätzlich etwas Greifbares, Kognitives sind. Natürlich gibt es zahlreiche greifbare Motivatoren (Geld, Anreize, Perspektiven), aber es gibt doch weitaus mehr, die unser unwillkürliches Erleben tangieren und damit, über die Gefühlsebene, unsere Zufriedenheit steuern und beeinflussen.

Das passt übrigens auch deshalb so gut zusammen, weil Zufriedenheit ebenso wie Motivation nur ein gefühlter Zustand, ein *Gefühl,* ist und nichts, das man auf einer nach oben offenen Gefühlsskala objektiv messen und bewerten kann.

Einige Wissenschaftler gehen davon aus, dass das unwillkürliche, unbewusste Erleben gegenüber dem bewussten Erleben den weitaus größeren Teil unserer Wahrnehmung ausmacht. Das heißt, unsere Zufriedenheit oder Unzufriedenheit wird zu einem großen Teil von Erlebensgefühlen beeinflusst, die wir selbst bewusst nicht wahrnehmen. Wir fühlen also, ohne dass wir es bewusst spüren, und leiten daraus – wiederum unbewusst – Handlungen und Handlungsmuster ab.

Um es noch komplizierter zu machen: Gefühle folgen einer – oft unbewussten – Bewertung. Diese Gefühle werden nach ihrer Bewertung, sofern diese positiv verläuft, dann zu Motivation und schlussendlich zu Handlungen. Führt diese Handlung, die einem unbewussten Gefühl entstammt, zu einem positiv gefühlten Ergebnis, sind wir zufrieden.

Beispiel

Lassen Sie es uns an einem Beispiel erläutern: Sie sollen einen Vortrag vor einem anspruchsvollen Auditorium halten. Sie warten vor der Tür, sind natürlich angespannt und sehr gespannt auf Ihre Zuhörer. Was sind das für Menschen? Wie ist die Stimmung im Saal? Wie gut war Ihr Vorredner? Sie betreten das Podium, werfen den ersten Blick in die Gesichter, die zu Ihnen emporschauen. Und exakt jetzt beginnt das unwillkürliche Erleben: Sie bewerten die Gesichter und die Stimmung im Saal. Aus dieser Bewertung entwickelt sich ein Gefühl, dieses Gefühl wird zu der Motivation, die Ihre Handlungsweise bestimmt. Haben Sie ein gutes Gefühl, sind Sie motiviert, mit einem Scherz zu beginnen. Haben Sie kein gutes Gefühl, werden Ängste oder gar Fluchtinstinkte geweckt, sind Sie motiviert, das Ganze schnell hinter sich zu bringen. Für Scherze ist dann keine Zeit!

Im Falle beider Szenarien kann sich hinterher ein Gefühl der Zufriedenheit einstellen. Es kommt nur darauf an, wo die individuelle Messlatte der Zufriedenheit liegt. Erwarte ich als Vortragender nach jeder Rede Standing Ovations, wird es um meine Zufriedenheit eher bescheiden bestellt sein. Bin ich mit positivem Feedback nach dem Vortrag zufrieden, habe ich größere Chancen auf Zufriedenheit.

Zufriedenheit ist individuell beeinflussbar. Und jeder hat den Grad seiner eigenen Zufriedenheit in Form der Messlatte in der Hand, an der er bestimmte Ereignisse, Ergebnisse und Szenarien bewertet.

Die Motivation, die einem Gefühl entstammt, führt zu einer Handlung, die wiederum als Gefühl bewertet wird. Dem entspringt dann vielleicht wieder eine motivgesteuerte Handlung: Mache ich es noch mal, lasse ich es lieber oder mache ich es beim nächsten Mal anders?

Motivation und Zufriedenheit sind folglich Phänomene, die weitaus mehr mit Gefühlen, Gefühltem und Erlebtem zu tun haben, als man vielleicht landläufig dachte. Aber gerade das, diese Erkenntnis, macht es so spannend!

Kommen wir noch einmal auf Claudia und Jürgen zurück. Warum sind sie unzufrieden? Wovon wurden sie „getrieben"? Was waren die inneren Antreiber und welche Antreiberdynamik steuerte sie? Die beiden waren durchaus motiviert, das zu tun, was sie gemeinsam taten und verantworteten.

Sie waren stark leistungs- und prestigemotiviert und unterlagen dem „Schneller-höher-weiter-Syndrom", dem Gefühl, Stillstand sei Rückschritt. Und unter solchen Voraussetzungen geht das dann mit der Zufriedenheit nur so lange gut, wie ein tatsächliches „Schneller, höher, weiter" auch auf nachvollziehbare Weise messbar oder spürbar ist.

Um nicht missverstanden zu werden: Wir haben nichts gegen Entwicklung, nichts gegen Weiterentwicklung. Ein Problem existiert nur dann, wenn die Pläne für diese Entwicklung durch sich ändernde Rahmenbedingungen unrealistisch werden. Gerade bei unserem Ehepaar waren es aber nicht nur die geänderten Rahmenbedingungen, sondern auch eine Werteverschiebung und Entfremdung.

Jürgen, dem sein Job zu Beginn wirklich Spaß gemacht hat, kam zunehmend unter Druck – den Erfolgsdruck der Firma, aber auch den eigenen Druck, weiter Karriere zu machen, um mehr und mehr Geld zu verdienen. Dieser Druck führte für ihn zu einer Entfremdung und Entwertung seiner Tätigkeit. Die Tätigkeit wurde mehr und mehr zu einem Mittel zum Zweck degradiert. Als der interne und externe Druck dann auch noch durch die Finanzkrise verstärkt wurde, fühlte er sich mehr denn je als Spielball der Gewalten.

Motivation, intrinsische Motivation, ist durchaus in der Lage, Probleme abzufedern, gerade in schwierigen Zeiten. Ist ein Mensch aber fast ausschließlich extrinsisch motiviert – und so war es bei Jürgen – und werden die extrinsischen Anreize wie Geld, Prämien, Wohlstand etc. geschmälert, ist auch dieser rudimentäre Rest von Motivation verschwunden. Kurzum, man ist demotiviert und entfremdet, entfremdet vom eigentlichen Sinn seiner Arbeit.

Bereits Marx hat sich in seiner Entfremdungstheorie mit diesem Verlust an Identität auseinandergesetzt. Er sprach zwar nicht von Motivation, meinte aber im Grunde das Gleiche. Identität lässt nach, Spaß geht verloren, Leistung sinkt, Unzufriedenheit wächst!

Bei Claudia war es ähnlich. Claudias Lebensszenario lässt sich lapidar als ein „Null-Problemo-Lebensszenario" bezeichnen. Als dann die ersten Probleme auftauchten, war sie nicht in der Lage, diese Probleme aktiv aufzunehmen. Natürlich beschäftigte sie sich damit, allerdings versuchte sie nicht, die Probleme pragmatisch zu lösen, sondern sie verwaltete ihre Probleme im Sinne der eigenen Unzufriedenheit.

Betrachtet man diese Probleme einmal auf einer Metaebene, so reden wir hier – wie schon gesagt – über ein Klagen auf überaus hohem Niveau. Millionen von Menschen würden sofort die eigenen Probleme gegen die von Jürgen und Claudia tauschen. Objektiv betrachtet sicher. Aber wovon reden wir? Wir reden über Gefühle, Empfindungen, Schwingungen und unwillkürliches Wahrnehmen.

Es gibt auf dieser Welt nichts Individuelleres als Gefühle. Deshalb kann auch nur jeder Einzelne für seine Gefühlswelt, für seine individuelle Zufriedenheit verantwortlich sein. Und jetzt sind wir wieder bei der individuellen Messlatte, an der die Gefühle bewertet werden.

Wo bleibt jetzt die Motivation? Sie ist die Triebfeder all unserer Handlungen. Sie bestimmt, was wir tun. Und wir tun es aus einem bewerteten Gefühl heraus. Folglich sollten wir motiviert sein, unsere eigenen Bewertungsschemata zu überprüfen und zu definieren, was für uns Zufriedenheit und Glück – welch großartiges Wort – bedeuten.

> Nicht andere bewerten unser Glück, nicht andere sind für unser Glück verantwortlich, sondern wir – Sie – bestimmen, wann der Zustand der Zufriedenheit erreicht ist.

Der Fokus – auch das ist Motivation – sollte immer auf das positive Erleben in der Zukunft ausgerichtet sein. Man sollte daran arbeiten, einen positiven Zustand in der Zukunft zu erreichen. Wobei, das sei ausdrücklich erwähnt, „positiv" nicht zwangsläufig „mehr" sein muss.

Nur der Vollständigkeit halber: Der retrospektive Blick, der die Vergangenheit nachträglich glorifiziert, macht uns nicht zufrieden. Oder kennen Sie ausgeglichene, fröhliche, zufriedene, glückliche Menschen, die immer wieder sagen: „Früher war alles besser"?

AUF DEN PUNKT GEBRACHT

Die Motivation ist die Triebfeder für unser Handeln. Manches ist uns selbst sehr bewusst, und doch werden viele Facetten der Motivation aus dem Unbewussten gesteuert. Für mehr Klarheit sorgt hier das Verstehen unserer inneren Antriebskräfte. Unser Verhalten wird von den außengesteuerten Rahmenbedingungen und den inneren Antreibern beeinflusst.

Arbeitsblatt 7: Wie komme ich meinen Antreibern auf die Spur?

Ein Test mit 50 Fragen ermöglicht es Ihnen, Ihre Antreiber zu erkunden. Anhand des Auswertungsbogens können Sie die Intensität Ihrer persönlichen Antreiber ermitteln. Typische Antreiber sind:

- Sei perfekt!
- Beeil dich!
- Streng dich an!
- Mach es allen recht!
- Sei stark!

Arbeitsblatt 8: Welche Stärken und Gefahren ergeben sich aus meinen Antreibern?

Welche Stärken und Gefahren sich aus Ihren Antreibern, die Sie mithilfe von Arbeitsblatt 7 ermittelt haben, ergeben, können Sie anhand dieses Arbeitsblatts herausfinden.

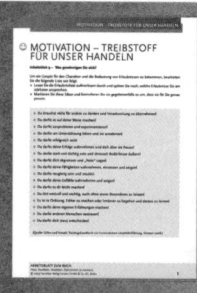

Arbeitsblatt 9: Was genehmigen Sie sich?

Mit der Erlaubnisliste, die dieses Arbeitsblatt enthält, lernen Sie, einen Blick für Ihre Antriebskräfte zu bekommen. Sie können herausfinden, welche Antriebskräfte für Sie förderlich und welche eher blockierend wirken.

Arbeitsblatt 10: Welcher Ihrer Tätigkeiten gehen Sie gern beziehungsweise nicht gern nach?
Mithilfe dieser Tätigkeitsanalyse erhalten Sie Klarheit über Energie bringende und Energie raubende Tätigkeiten in Ihrem Alltag.

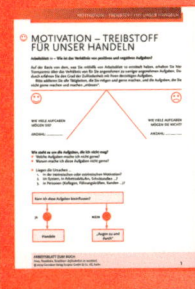

Arbeitsblatt 11: Wie ist das Verhältnis von positiven und negativen Aufgaben?
Auf der Basis von dem, was Sie mithilfe von Arbeitsblatt 10 ermittelt haben, erhalten Sie in diesem Arbeitsblatt Transparenz über das Verhältnis von für Sie angenehmen zu weniger angenehmen Aufgaben. Dadurch erfahren Sie den Grad der Zufriedenheit mit Ihren derzeitigen Aufgaben.

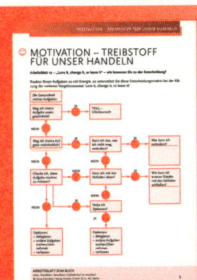

Arbeitsblatt 12: „Love it, change it, or leave it" – wie kommen Sie zu der Entscheidung?
Rauben Ihnen Aufgaben zu viel Energie, so unterstützt Sie diese Entscheidungsmatrix bei der Klärung der weiteren Vorgehensweise: Love it, change it, or leave it!

3.3 DIE WELT, IN DER ICH LEBE

Die Bereiche, in denen wir leben, sind vielfältig. Die Rollen, die wir in unserem Leben ausfüllen, ebenso. Rollen, die wir „spielen", werden uns oft angeboten und es ist unsere Entscheidung, sie zu übernehmen oder eben nicht. Es muss uns bewusst sein, dass wir hier niemals statisch in unserem Rollenmodell verweilen, sondern einem stetigen Wandel unterworfen sind.

Bestimmte Veränderungen können wir bewusst steuern und vorantreiben; viele Veränderungsprozesse sind jedoch abhängig von sich ändernden Umfeld- und Rahmenbedingungen. So stellen sich die folgenden Fragen immer wieder von neuem: Bin ich glücklich oder unglücklich, geht es mir gut oder geht es mir schlecht, bin ich zufrieden oder bin ich unzufrieden?

Wann waren Sie das letzte Mal wirklich glücklich und zufrieden? Wer war für diesen Moment verantwortlich? Haben Sie sich diesen Moment der Zufriedenheit und des Glücks selbst verschafft oder war es ein von außen, von anderen beeinflusster Moment? Es kann auch sein, dass dieser Glücksmoment ein glücklicher Moment, ein Zufall war. Auch diesen gilt es zu genießen! Legitim ist dann die Frage, was Sie dafür tun können, um einen solchen Moment zu wiederholen.

Für die persönliche Zufriedenheit und den Grad der möglichen Selbststeuerung steht das eigene Ich im Zentrum der Betrachtung. Viele Aspekte und Einflussfaktoren aus der Privatwelt, der Berufswelt, gesellschaftliche und politische Rahmenbedingungen beeinflussen jedoch das eigene Ich, die Gestaltung des eigenen Ichs und die daraus resultierende Zufriedenheit.

Inwieweit können wir angesichts dieser externen Einflussfaktoren dann unser Glück überhaupt selbst beeinflussen, in welchem Maße sind wir wirklich „unseres Glückes Schmied"? Oder sind wir ein Spielball der – externen – Gewalten?

Machen Sie sich selbst einmal Ihre persönlichen Abhängigkeiten klar und reflektieren Sie, wie sehr gesellschaftliche Rahmenbedingungen, Ihre Berufswelt und Ihre Privatwelt, Ihr Ich direkt oder indirekt beeinflussen.

Je mehr man sich im Sinne der Grafik auf der gegenüberliegenden Seite dem inneren Kreis, dem Ich, nähert, umso größer ist der Grad der möglichen Einflussnahme. An der Gesellschaft, dem politischen Umfeld, in dem Sie leben, können Sie nur sehr begrenzt etwas ändern. Ihre Berufswelt haben Sie schon ein Stück mehr in der Hand. Sie entscheiden sich für Ihren Beruf, Ihre Funktion und Ihre Tätigkeiten. Ihnen obliegt es, falls Sie unzufrieden sind, etwas zu ändern oder den Zustand zu akzeptieren.

In Ihrer Privatwelt können Sie noch mehr steuern. Sie sind verantwortlich für Ihre Beziehungen, Ihre Freundschaften, Ihre sozialen Kontakte und das Umfeld, in dem Sie leben.

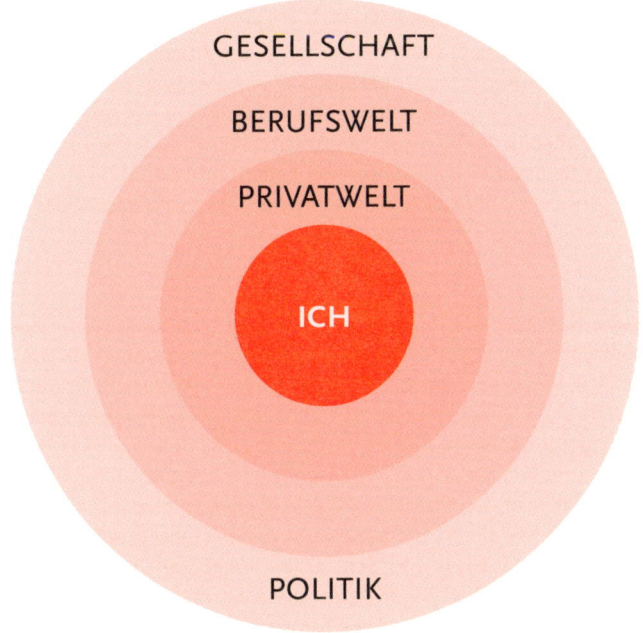

Die Welt, in der ich lebe

Wir – und sicherlich auch Sie – kennen viele Menschen, die für ihre eigene Unzufriedenheit immer andere Menschen oder externe Rahmenbedingungen verantwortlich machen. Sie geben damit die Selbstverantwortung aus der Hand und verfallen in intensives Klagen. Klagen ist einfacher als Handeln! Und interessanterweise ist dieses Klagen auch gesellschaftlich akzeptiert.

Im Grunde genommen muss sich aber jeder Mensch, der sich in einer Situation befindet, mit der er unzufrieden ist, folgende Fragen stellen:
- Will ich etwas ändern?
- Kann ich es ändern?
- Wie kann ich es ändern?

Ziel ist, durch die bewusste Entscheidung, etwas ändern zu wollen und etwas ändern zu können, auf die eigene Handlungsebene zu kommen. Alleine das Bewusstsein, etwas zu tun, etwas anzupacken, macht schon zufriedener.

Im Folgenden tauchen wir gemeinsam mit Ihnen sehr bildhaft in die unterschiedlichen Welten, in denen wir leben, ein. Die bildliche Darstellung in Form von „Schatzkarten" soll Ihnen helfen zu reflektieren, wo Sie stehen und wo vielleicht Handlungsbedarf besteht – immer bezogen auf den Grad Ihrer ganz persönlichen Zufriedenheit oder Ihres Zufriedenheitspotenzials.

Darüber hinaus finden Sie in den Arbeitsblättern zu jeder Schatzkarte einen kurzen Selbsttest. Auch dieser soll helfen, Ihre Situation in den unterschiedlichen Welten objektiver zu beschreiben und Handlungsfelder offenzulegen.

3.3.1 Die Schatzkarte meines Ichs

Die Schatzkarte Ihres Ichs bildet die einzelnen Dimensionen ab, die Ihr Leben bestimmen. Sie beschreibt Ihre physische und psychische Grundausstattung, also die Grundlage Ihrer körperlichen und geistigen Gesundheit. Es ist die Welt Ihrer Emotionen, und es geht um das Ausleben und Zulassen der Emotionen und ihre Steuerung.

Hier finden sich die Frage nach Ihrer Lebensbestimmung und Ihre Normen und Werte, die die Ausrichtung Ihres Lebens lenken und beeinflussen. Hier werden Ihre Stärken und Schwächen abgebildet und schlussendlich auch Ihre Leistungsfähigkeit. Kurzum, diese Schatzkarte bildet Ihr Ich ab, dessen Grundlage die Erziehung, die Sie genossen haben, bildet.

Da jedes Leben ein anderes ist, erhebt diese Darstellung, wie auch die folgenden, keinen Anspruch auf Vollständigkeit. Sie kann individuell ergänzt werden und soll dazu dienen, die verschiedenen Dimensionen zu reflektieren, zu hinterfragen und gegebenenfalls zu vervollständigen.

Die Schatzkarte Ihres Ichs setzt sich aus den unterschiedlichsten Dimensionen zusammen.

- Im Bereich der psychischen Grundausstattung geht es um psychische Stabilität und Ihre psychische Grundeinstellung. Ist sie eher positiv oder eher negativ? Sehen Sie Lösungen oder sehen Sie Probleme? Wie schnell sind Sie aus dem psychischen Gleichgewicht zu bringen? Können Sie sich entspannen oder fühlen Sie sich oft getrieben?
- Die Welt der Emotionen: Leben Sie Ihre Emotionen aus? Wer teilt Ihre Gefühle? Werden Ihre Gefühle erwidert? Was tun Sie für Ihr emotionales

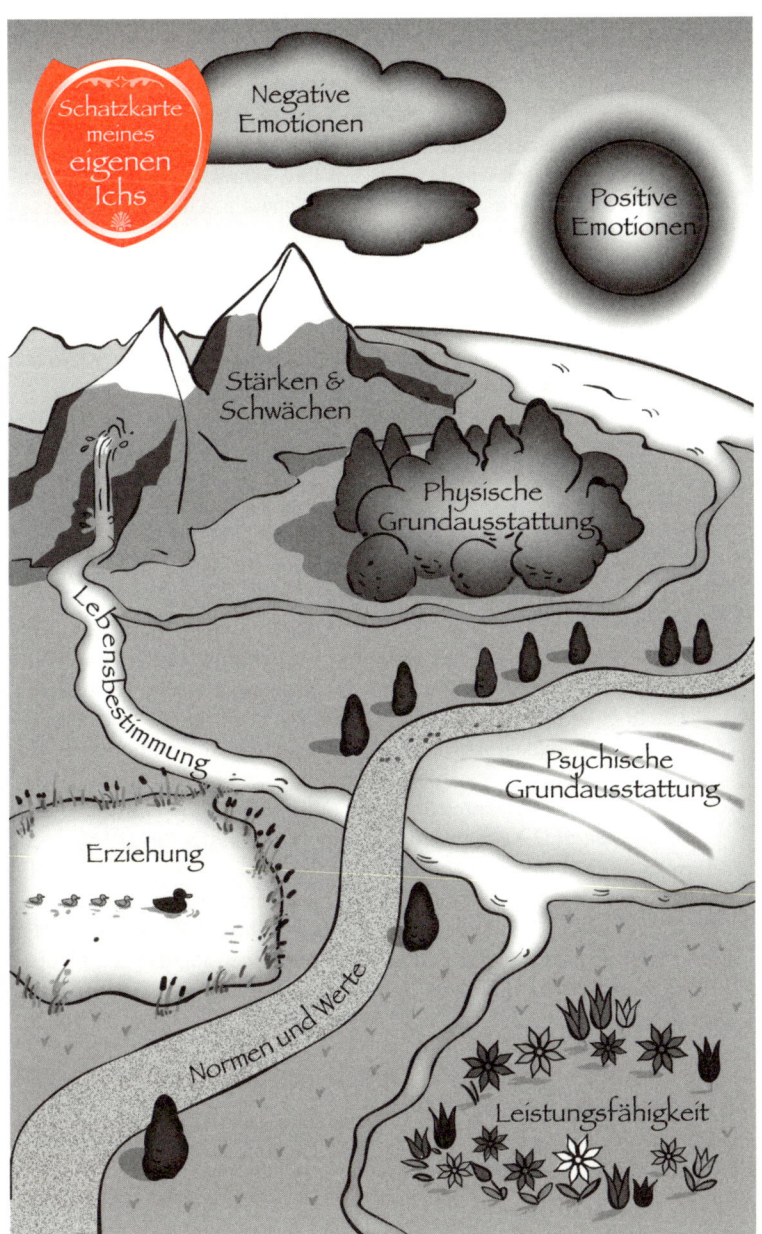

Gleichgewicht? Wer oder was behindert Sie beim Ausleben Ihrer Emotionen? Wie gehen Sie mit den Emotionen der Menschen um, die Ihnen nahestehen und mit denen Sie zusammenarbeiten?

- Ihre Stärken und Schwächen: Kennen Sie Ihre Stärken? Kennen und akzeptieren Sie Ihre tatsächlichen Schwächen? Was tun Sie dafür, Ihre Stärken auszubauen, und was tun Sie, um Ihre Schwächen zu schwächen? Können Sie und können andere mit Ihren Schwächen leben oder müssen Sie sie ständig kaschieren?

- Wie sieht es mit Ihrer physischen Grundausstattung aus? Sind Sie fit? Sind und fühlen Sie sich gesund? Haben Sie Übergewicht und was tun Sie dagegen? Treiben Sie ausreichend Sport? Leben Sie insgesamt gesund? Achten Sie auf eine gesunde und ausgewogene Ernährung? Wie ist Ihre erbliche Disposition?

- Die Welt Ihrer Erziehung: Inwieweit prägt Ihre Erziehung Ihr heutiges Leben? Was war prägend positiv oder negativ? Was hätten Sie gerne anders gehabt? Was haben Sie gegen die Prägung, die sie als negativ empfinden, unternommen beziehungsweise was können Sie dagegen unternehmen? Falls Sie Kinder erziehen: Machen sie es anders, besser?

- Ihre Normen und Werte: In welchem Wertesystem leben Sie? Für welche Werte kämpfen Sie? Welche Werte haben für Sie oberste Priorität? Kollidieren Ihre Werte und Normen oft mit denen anderer? Sind Sie in der Lage, die Werte anderer zu akzeptieren? Werden Ihre Normen und Werte von den Menschen, die Ihnen nahestehen, getragen und unterstützt?

- Wie steht es um Ihre Leistungsfähigkeit? Wie schätzen Sie Ihre persönliche Leistungsfähigkeit im Vergleich zur Leistungsfähigkeit anderer ein? Was macht Sie leistungsfähig? Wann sind Sie am leistungsfähigsten? Was behindert Ihre Leistungsfähigkeit? Was macht Ihnen besonders viel Spaß und warum? Kennen Sie Ihre Bio-Kurve und berücksichtigen Sie diese in Ihrem Tagesablauf?

- Lebensbestimmung: Machen Sie sich Gedanken über den Sinn Ihres Lebens? Was ist der Sinn Ihres Lebens? Was gibt Ihrem Leben Sinn? Schöpfen Sie Kraft eher aus der kurzfristigen oder eher aus der langfristigen Sinngebung? Werden Sie von anderen in Ihrer Lebensbestimmung bestärkt?

AUF DEN PUNKT GEBRACHT

Die Schatzkarte des eigenen Ichs beschreibt die unterschiedlichen Dimensionen, die das Handeln maßgeblich und nachhaltig beeinflussen.

Arbeitsblatt 13: Wie bewerte ich die Schatzkarte meines Ichs?
Anhand von 21 Aussagen, die dieses Arbeitsblatt enthält, können Sie die Schatzkarte Ihres Ichs reflektieren.

3.3.2 Die Schatzkarte meines Privatlebens

Die Schatzkarte Ihres Privatlebens setzt sich aus den Faktoren zusammen, die Ihr Privatleben ausmachen und die in hohem Maße bestimmen, wie hoch Ihre Zufriedenheit mit Ihrer privaten Situation ist.

Hier finden sich Ihre häusliche Situation, Ihre familiären Rollen, partnerschaftliche und freundschaftliche Dimensionen sowie die unterschiedlichen Formen der Freizeitgestaltung. Ein ganz wichtiger Punkt sind in diesem Zusammenhang auch die „unbekannten Inseln", also Ihre persönliche Bereitschaft, auch unbekanntes Terrain zu beschreiten. Gerade das Ausbrechen aus den geregelten Bahnen ist das, was im Leben von Menschen oft für den viel zitierten „Kick" sorgt. Nämlich jene Erfahrungen und Momente, die durch unkonventionelle Entscheidungen und Handlungen für einen hohen Grad an Zufriedenheit sorgen.

Auch das ist natürlich sehr, sehr individuell! Was für den einen eine unglaublich mutige und unkonventionelle Handlung ist, gehört bei der Lebensplanung des anderen völlig zur Normalität.

Ebenso wie die Zufriedenheit mit sich selbst und dem eigenen Ich wird die Zufriedenheit mit der privaten Welt von sehr vielen Faktoren beeinflusst. Wie zufrieden sind Sie in Ihrem Privatleben und vor allem: Was können Sie ändern, wie können Sie gegebenenfalls die eigene Unzufriedenheit positiv verändern?

- **Partnerschaft:** Leben Sie in einer Partnerschaft? Wie glücklich und zufrieden sind Sie in dieser Beziehung? Haben Sie den Eindruck, dass Ihr Partner / Ihre Partnerin glücklich ist? Was tun Sie persönlich für Ihre Partner-

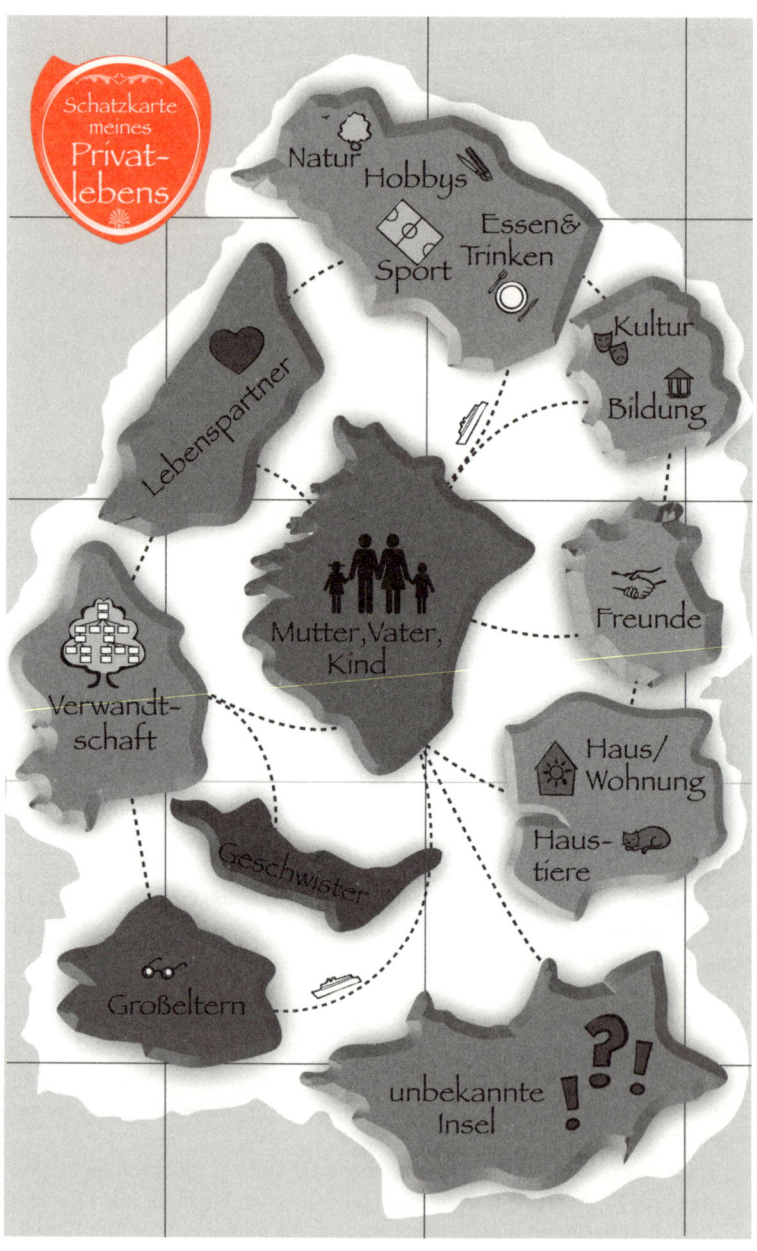

Schatzkarte meines Privatlebens

Natur

Hobbys

Sport

Essen&
Trinken

Kultur

Bildung

Lebenspartner

Mutter, Vater,
Kind

Freunde

Verwandt-
schaft

Haus/
Wohnung

Haus-
tiere

Geschwister

Großeltern

unbekannte
Insel

schaft? Gibt es ausreichend viele Gemeinsamkeiten und Interessen? Investieren Sie ausreichend Zeit und Energie in die Beziehung? Haben Sie gemeinsame Ziele? Kennen Sie die Lebensziele Ihres Lebenspartners und kennt er/sie die Ihren? Sind diese Lebensziele miteinander kompatibel? Akzeptieren Sie die „Ecken und Kanten" Ihres Partners / Ihrer Partnerin?

- Die Inseln der Familie und Verwandtschaft: Wie viel bedeutet Ihnen Ihre Familie? Wie intensiv ist der Kontakt zu Ihren Verwandten? Wünschen Sie sich mehr oder intensiveren Kontakt? Oder eher nicht? Leben Sie für Ihre Familie? Welchen Stellenwert hat Ihre Familie in Ihrem Leben? Falls Sie Kinder haben: Ist die Entwicklung so, wie Sie es sich vorstellen? Haben Sie genug Zeit für die Kinder? Ist das Verhältnis zu Ihren Eltern so, wie Sie es sich wünschen?

- Freunde und Freundschaft: Haben Sie Menschen um sich, die Sie als Freunde bezeichnen können, die für Sie durch „dick und dünn" gehen würden? Können Sie sich auf Ihre Freunde verlassen? Und können sich Ihre Freunde auf Sie verlassen? Was tun Sie persönlich für diese Freundschaft? Sind diese Freundschaften „Win-win-Beziehungen" oder investiert eine Seite mehr als die andere?

- Wie sieht es mit Ihren Hobbys aus? Haben Sie ausschließlich eigene Hobbys oder teilen Sie sie mit Ihrem Partner / Ihrer Partnerin und mit Freunden? Sind die Hobbys für Sie eher ein Ausgleich oder ein wesentlicher Bestandteil Ihrer Lebensinhalte? Haben Sie genügend Zeit für die Hobbys und hat Ihr Partner / Ihre Partnerin Verständnis für die Zeit, die Sie in Ihre Hobbys investieren?

- Ihre häusliche Situation: Fühlen Sie sich zu Hause wohl? Sind Sie mit Ihrer Wohnsituation zufrieden? Können Sie sich zu Hause entspannen? Entspricht Ihre Wohnung / Ihr Haus Ihrem Geschmack? Wer hat das Haus / die Wohnung eingerichtet? Möchten Sie etwas ändern? Sind Sie offen für Veränderungen?

- Sind Sie bereit, im übertragenen Sinne auch unbekanntes Territorium, unbekannte Inseln, zu betreten? Welche geheimen Wünsche haben Sie? Haben Sie Sehnsuchtsziele? Sind Sie neugierig auf Neues, Unbekanntes? Lassen Sie sich darauf ein, oder schreckt es Sie eher ab?

AUF DEN PUNKT GEBRACHT

Die Schatzkarte des Privatlebens beschreibt die unterschiedlichen Felder, die das zufriedene Leben im privaten Umfeld bestimmen.

Arbeitsblatt 14: Wie bewerte ich die Schatzkarte meines Privatlebens?
Anhand von 21 Aussagen, die dieses Arbeitsblatt enthält, können Sie die Schatzkarte Ihres Privatlebens reflektieren.

3.3.3 Die Schatzkarte meiner Berufswelt

Ein ganz wichtiger Bestandteil Ihres Lebens ist Ihre Berufs- beziehungsweise Professionswelt. Es geht dabei um mehr als das Leben neben Familie und Freizeit, denn dieser Bereich beeinflusst sehr stark die Gesamtlebenszufriedenheit. Wir schreiben hier bewusst nicht nur von der Berufswelt, sondern auch von der Professionswelt, da hier die Profession und Professionalität eines Menschen widergespiegelt werden.

Die Schatzkarte zeigt Ihre persönliche Entwicklung und Weiterentwicklung, Ihre Risikobereitschaft und die Fähigkeit, Chancen im richtigen Moment zu ergreifen. Sie beschäftigt sich mit Ihrer persönlichen Anerkennung im Beruf, ebenso aber auch mit Ihrer Art, mit Durststrecken und Krisen umzugehen. Denn natürlich ist auch die Berufswelt nicht nur von Erfolgen geprägt.

Die Schatzkarte Ihrer Berufs- beziehungsweise Professionswelt zeigt ein fruchtbares Land, das bearbeitet werden muss, damit es die Früchte hervorbringt, die Sie ernten möchten. Das ist aber nur möglich, wenn man die notwendige Ausbildung besitzt, Möglichkeiten der Aus- und Weiterbildung nutzt und ständig an sich arbeitet.

Sie leben in diesem Land aber nicht allein. Hier leben auch Ihre Kollegen, Ihre Mitarbeiter und Ihre Führungskräfte – eben all die, mit denen Sie Ihre Professionswelt teilen und mit denen Sie umgehen müssen. Die Ernte, die Sie einfahren können, ist nicht nur davon abhängig, was Sie säen und wie Sie die Felder bestellen, sondern auch davon, wie das Zusammenspiel mit den anderen Menschen funktioniert

Schatzkarte meines Berufslebens

Aus- und Weiterbildung

Krise

Anerkennung

Tätigkeit
Funktion

Qualifikation

Lohn/Gehalt

Führungskräfte

Mitarbeiter

Erlernter Beruf

Risiken Chancen

Projekte

Ist die Zusammenarbeit gut, bekommen Sie Anerkennung und den Status, der Ihnen zusteht. Sie sind allerdings nicht nur von anderen Menschen abhängig, sondern auch von Krisen und Problemen, die Sie selbst weder steuern noch beeinflussen können.

Folglich bietet diese Welt immer wieder neue Chancen, aber auch Risiken. Es liegt an Ihnen, wie Sie die Chancen nutzen und die Risiken minimieren.

Die Schatzkarte meiner Berufswelt – Lupe

Der auf der gegenüberliegenden Seite dargestellte Lupenausschnitt aus der Schatzkarte Ihrer Berufswelt fokussiert sich detaillierter auf einen wichtigen Teilbereich der Berufswelt: Ihre Einbindung in die Organisation, in der Sie arbeiten.

Der Umgang mit Kollegen, Mitarbeitern und Führungskräften, Ihre Einbindung in hierarchische Strukturen, Erfolg, Image und Anerkennung sowie die Schnittstellen im Unternehmen, die für Sie entscheidend sind, sind hier abgebildet.

Wie bewegen Sie sich hier? Sind Sie ein Teil des Ganzen oder laufen Sie eher mit? Wie gut ist die Zusammenarbeit mit anderen Abteilungen und externen Dienstleistern, Kunden und Firmen?

Hier sollte man sich aber auch einmal mit den „Müllbergen", den Misserfolgen und den berühmten „Leichen im Keller" beschäftigen und offen hinterfragen, wie hoch dieser Müllberg ist und wie sehr dieser hoffentlich nicht stetig wachsende Berg Ihre berufliche Zufriedenheit negativ beeinflusst.

Da wir aus vielen Coachingprozessen wissen, dass eine der Hauptursachen für die Unzufriedenheit vieler Menschen im beruflichen Kontext zu suchen ist, kommt diesem Bereich eine ganz besondere Bedeutung zu. Viele Menschen, die beruflich unzufrieden sind, versuchen diese Unzufriedenheit im privaten Bereich zu kompensieren. So wird hier geradezu krampfhaft nach Erfüllung, Anerkennung und Bestätigung gesucht. Allerdings funktioniert das nur sehr begrenzt, da man seiner Berufswelt zwar zeitlich vorübergehend entfliehen kann, mental aber sehr viel weniger. Ist man wieder im Beruf, am Arbeitsplatz, ist auch die Frustration wieder da.

Wie sieht es bei Ihnen aus? Wie zufrieden sind Sie in Ihrem Beruf, verglichen mit den anderen Welten, in denen Sie leben? Und für diejenigen, die nicht berufstätig sind: Wie zufrieden sind Sie mit der Rolle, die Sie statt einer Berufstätigkeit eingenommen haben?

Macht Ihnen Ihr Beruf Spaß? Gehen Sie gerne zur Arbeit? Arbeiten Sie gerne in Ihrer Firma und identifizieren Sie sich mit den Produkten und den Firmenzielen? Sind Sie motiviert, an Ihre Leistungsgrenzen zu gehen oder arbeiten Sie nach der Devise „Dienst nach Vorschrift"? Sind Sie so flexibel, auch neue Tätigkeitsfelder zu übernehmen? Wie kommen Sie mit Kollegen, Mitarbeitern und Führungskräften zurecht?

Haben Sie, falls gewünscht, berufliche Perspektiven? Erhalten Sie die notwendige Anerkennung? Fühlen Sie sich als Mensch akzeptiert und anerkannt? Wird Ihre Leistung ausreichend gewürdigt? Fühlen Sie sich angemessen bezahlt? Stehen Sie beruflich unter Druck? Erreichen Sie Ihre Ziele? Haben Sie schon einmal an einen Wechsel gedacht? Falls ja, warum haben Sie diesen Wechsel (noch) nicht vollzogen? Bilden Sie sich fort, um den wachsenden Anforderungen gerecht zu werden? Sind Sie beruflich risikobereit? Übernehmen Sie gerne (mehr) Verantwortung? Empfinden Sie Ihre Tätigkeit als spannend?

Lieben Sie Macht? Kommen Sie mit den hierarchischen Strukturen klar, akzeptieren Sie sie? Wie werden Sie von Ihren Mitarbeitern und Kollegen gesehen? Pflegen Sie persönliche Kontakte zu ihnen?

AUF DEN PUNKT GEBRACHT

Die Schatzkarte des Berufslebens beschreibt die unterschiedlichen und vielfältigen Faktoren, die den Arbeitsalltag maßgeblich beeinflussen.

Arbeitsblatt 15: Wie bewerte ich die Zufriedenheit mit meiner Berufswelt?
Anhand von 24 Aussagen, die dieses Arbeitsblatt enthält, können Sie die Schatzkarte Ihrer Berufswelt reflektieren.

3.3.4 Die Schatzkarte der gesellschaftlichen und politischen Rahmenbedingungen

Die Schatzkarte der Gesellschaft bildet die unterschiedlichen Bereiche ab, die unser Leben extern beeinflussen beziehungsweise von denen wir alle gesellschaftlich abhängig sind und in die wir auf der anderen Seite als Individuum auch gesellschaftlich eingebettet sind.

Wie wir bereits geschrieben haben, hat man unter den Welten, in denen man lebt, auf die gesellschaftlichen und politischen Rahmenbedingungen als normaler Bürger systembedingt den geringsten Einfluss. Trotzdem gilt es zu reflektieren, wie zufrieden man mit den Gegebenheiten ist und wie man sich in ihnen zurechtfindet. Ziel ist, die Rahmenbedingungen zu akzeptieren, sich mit ihnen zu arrangieren oder sich gegebenenfalls sogar zu engagieren.

Sehen Sie sich einmal um: Es gibt viele Menschen, die mit der Gesellschaft und der Politik nicht einverstanden sind, unzufrieden sind und dies auch lauthals äußern. In den meisten Fällen bleibt es aber beim Schimpfen und Klagen. Gehandelt wird nicht, weil es sowieso nichts bringt. Kommt man so aus seiner eigenen Unzufriedenheit heraus? Natürlich nicht – es bleibt ein Circulus vitiosus!

Im extremsten Fall bleibt es natürlich jedem Bürger überlassen, sein Land zu verlassen und sich an einem anderen Ort eine Existenz aufzubauen, wenn er mit den gesellschaftlichen und politischen Rahmenbedingungen nicht einverstanden ist und er selbst auch nichts daran ändern kann. Aber, wer will und kann das schon!

Wobei ... es gibt gar nicht so wenige Menschen, die aus Unzufriedenheit ihr Land verlassen. Es gibt sogar Fernsehsendungen, die sich mit diesem Phänomen beschäftigen. Einige von diesen Auswanderern werden in ihrem neuen Land glücklich, andere scheitern kläglich und kommen zurück.

Solange ein Auswandern freiwillig geschieht, ist es sicherlich einfacher, mit den Folgen umzugehen – insbesondere, wenn es negative sind.

Wird man jedoch zur Auswanderung gezwungen und muss ein Land verlassen, in dem man glücklich und zufrieden gelebt hat, sieht die Welt ganz anders aus. Denken Sie beispielsweise an die Farmer im ehemaligen Rhodesien, die durch Bürgerkrieg und die dadurch veränderten Rahmenbedingungen gezwungen waren, alles aufzugeben. Diese Menschen mussten ihr selbstbestimmtes Handeln zu einem großen Teil aufgeben.

Kommen wir zurück zu Ihnen. Wie zufrieden sind Sie in Ihrem Land? Können Sie sich mit den politischen und gesellschaftlichen Zielen identifizieren? Sind

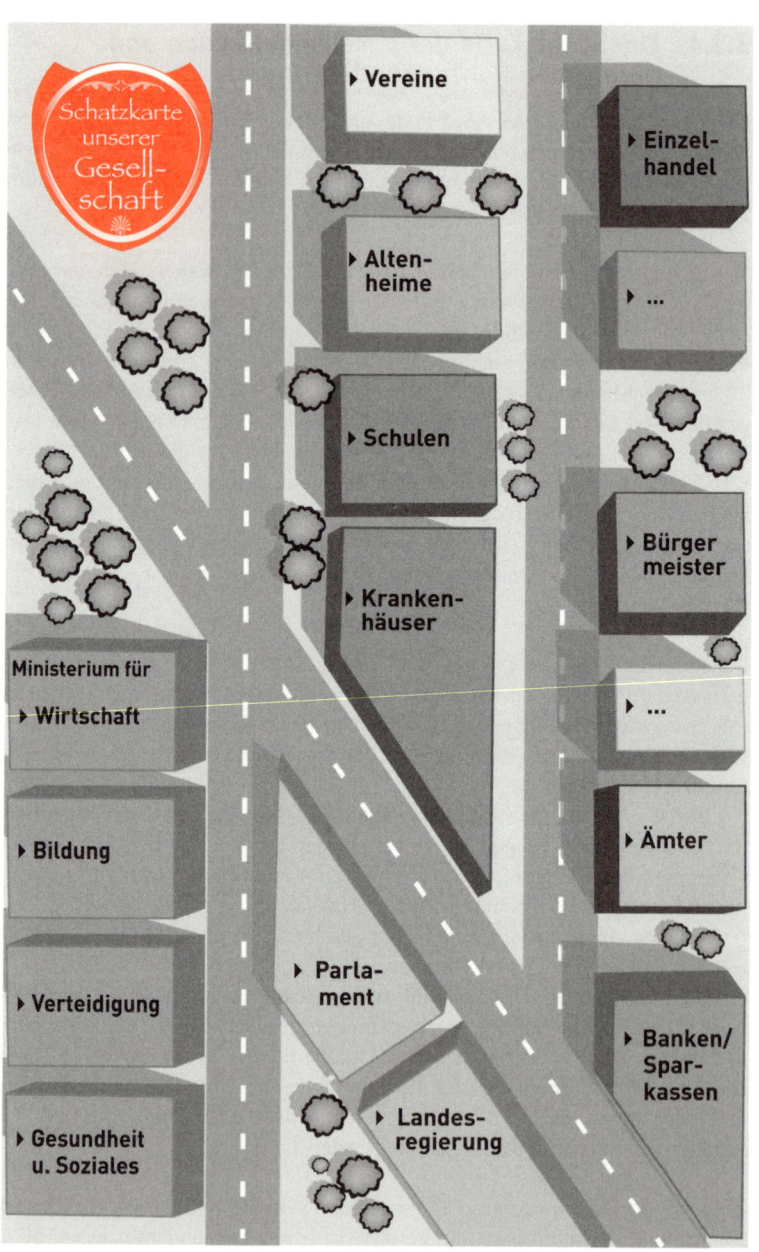

Sie politisch aktiv? Was tun Sie dafür, unseren Kindern eine lebenswerte Welt zu hinterlassen? Ermöglichen Ihnen die wirtschaftlichen Rahmenbedingungen ein gutes Arbeiten? Achten Sie beim Einkauf auf einheimische Produkte? Leben Sie umweltbewusst? Sparen Sie da, wo es geht, Energie?

Wie ist das Verhältnis zu Ihren Nachbarn? Kennen Sie sie gut? Gibt es regelmäßige Kontakte? Helfen Sie sich gegenseitig? Apropos Hilfe: Manchmal braucht es Katastrophen, damit nachbarschaftliche Hilfe und mehr funktioniert. Denken Sie an das Elbe-Hochwasser im Jahre 2002 in Deutschland oder das Jahrhunderthochwasser der Donau im gleichen Jahr in Österreich. Diese Katastrophen lösten eine der größten Hilfs- und Spendenaktionen der deutschen und österreichischen Geschichte aus. Auch das ist ein Handlungsdruck, der durch massiv geänderte Rahmenbedingungen entsteht. Wie stehen Sie zu solchen Hilfsaktionen? Haben Sie geholfen oder würden Sie helfen?

Überhaupt, haben Sie Zivilcourage? Setzen Sie sich für andere Menschen ein? Schützen Sie Ihre Kollegen und Mitarbeiter? Sehen Sie hin oder schauen Sie weg?

Fragen über Fragen! Sie werden jetzt möglicherweise wissen wollen, was das mit Ihrer Zufriedenheit zu tun hat. Zufriedenheit ist vielschichtig, sie lässt sich nicht an einigen wenigen Parametern festmachen, sondern ist so etwas wie ein Puzzle, bei dem die einzelnen Teile den Eindruck des Ganzen bestimmen. Ist ein Teil falsch eingesetzt, beschädigt oder fehlt es gar, ist der Gesamteindruck nicht mehr stimmig.

Insbesondere bei Dimensionen, in denen Sie aus Ihrer persönlichen Sicht nicht zufrieden sind, sollten Sie bedenken, wo Sie Ihre eigene Messlatte hingelegt haben. Vielleicht ist einfach der Anspruch zu hoch oder gar unrealistisch. Hier ist dann zweifelsohne positives Denken gefragt. Positives Denken im Hinblick auf realistische Ziele und auf die Rahmenbedingungen, unter denen man lebt.

AUF DEN PUNKT GEBRACHT

Die Schatzkarte der Gesellschaft beschreibt die gesellschaftlichen und politischen Einflussfaktoren, die unserem Leben und Arbeiten einen Rahmen geben.

Arbeitsblatt 16: Wie zufrieden bin ich mit den gesellschaftlichen Rahmenbedingungen?
Anhand von 14 Aussagen, die dieses Arbeitsblatt enthält, können Sie die Schatzkarte der Gesellschaft reflektieren.

3.3.5 Reflexion der Welten

Was sicherlich interessant und bedenkenswert ist, ist die Tatsache, dass sich viele Menschen erst mit dem Thema „Zufriedenheit" beschäftigen, wenn sie unzufrieden mit sich und der Umwelt sind, und nicht schon, wenn sie noch im Zustand der Zufriedenheit sind.

Das Problem dabei ist, dass es deutlich einfacher ist, aufgrund eigener Reflexion die Zufriedenheit zu halten, als Zufriedenheit wiederzuerlangen, wenn man sie schon verloren hat. Denn dann muss man erst einmal aus der eigenen Negativschleife heraustreten und positive Energie entwickeln.

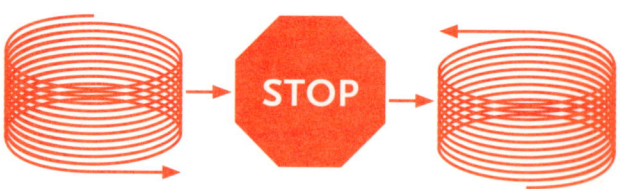

Was wäre eigentlich, wenn Claudia und Jürgen all diese Fragen beantwortet hätten? Spielen wir es einmal durch: Schlussendlich fühlten sich beide von den Umständen, die nicht ihrem Lebensszenario entsprachen, komplett überfordert. Dann kamen auch noch eindeutige Krisentendenzen hinzu und bildlich gesprochen befanden sich beide auf einer Wasserrutsche auf dem nicht anzuhaltenden spiralförmigen Weg nach unten.

Die Welt des eigenen Ichs geriet bei beiden ins Wanken. Ihr Wertesystem orientierte sich sehr stark an der Formel „Schneller, höher, weiter" – und das ging nicht mehr. Folge? Frustration! Aus partnerschaftlichen Emotionen wurden emotionale Schuldzuweisungen. Die psychische Stabilität war nicht mehr gegeben. Ist die psychische Konstitution instabil, zieht die physische nach. Man fühlt sich auch körperlich nicht mehr wohl und nicht mehr leistungsfähig. Letztendlich waren beide nicht mehr in der Lage, ihr (gemeinsames) Lebensziel zu definieren.

Auch in der Welt des Privatlebens gab es bei Claudia und Jürgen etliche negative Ausschläge. Für Hobbys war keine Zeit und für die Pflege von Freundschaften auch nicht mehr. Durch die negative Energie, die die beiden aufgrund ihrer Unzufriedenheit verströmten, reduzierte sich ihr Freundeskreis zusätzlich. Auch die Entwicklung der Familienplanung entsprach nicht ihren Vorstellungen.

Durch die Geburt der Zwillinge war nicht nur Claudia überfordert, sondern auch die Großeltern waren überfordert. Dies wirkte sich wiederum auf das innerfamiliäre Verhältnis aus. Was sich aber besonders auf das Privatleben von Claudia und Jürgen auswirkte, war die Tatsache, dass die beiden fast ausschließlich über Probleme redeten, sich gegenseitig herunterzogen und nicht versuchten, gemeinsam Lösungen zu finden.

Ebenso betroffen war die Berufs- und Professionswelt. Der Spaßfaktor ging beiden verloren. Sie machten zunehmend nicht mehr das, was ihnen Spaß bereitete, sondern das, was getan werden musste. Anerkennung wurde gegenseitig nicht mehr ausgesprochen und der Druck wuchs.

Ausgelöst durch Jürgens berufliche Situation und die neue variable Vergütung gerieten sie auch finanziell in die Problemzone. Konnten sie ihr Haus verkaufen? Waren sie mental dazu in der Lage, einige Schritte zurückzugehen? Aus ihrer sehr persönlichen Sicht hatten sie keinerlei positive Perspektiven mehr, weil für sie Perspektive immer bedeutete, ein Mehr zu generieren.

Dazu kamen dann zu allem Überfluss auch noch die Finanzkrise und ihre tatsächlichen und antizipierten Auswirkungen, die die Berufswelt, aber auch die Welt der Gesellschaft und Politik betrifft. Wir möchten deutlich anmerken, dass wir – was die Zufriedenheit betrifft – hier sehr bewusst zwischen tatsächlichen und antizipierten Auswirkungen einer Krise oder der Krise unterscheiden. Die tatsächlichen Auswirkungen sind die, die wir beziehungsweise Claudia und Jürgen tatsächlich spüren. Die antizipierten Auswirkungen sind die, die noch nicht eingetreten sind, aber eintreten könnten.

Gerade das hypothetisch Schlechte, unsere eigene negative Erwartungshaltung, belastet uns und damit unsere Zufriedenheit aber in hohem Maße. Läuft es eh nicht so, wie man möchte, ist die Entwicklung nicht so, wie man es geplant hat, und kommen dann auch noch externe Krisentendenzen hinzu, bricht manchmal die Welt, in der man lebt, wie ein zu hoch gebautes Kartenhaus zusammen. Der Zusammenbruch ist so – hausgemacht – unausweichlich.

Wir müssen die Aufzählung der negativ erlebten und antizipierten Kriterien nicht mehr weiterführen. Aus der sehr subjektiven Sicht von Claudia und Jürgen ist das alles nachvollziehbar und schlüssig.

Getrieben von immer höher gesteckten Zielen und teilweise unrealistischen Perspektiven haben sie sich selbst unzufrieden gemacht. Sie haben schlicht und ergreifend versäumt, ihre Zufriedenheit, ihr persönliches Glück an dem zu messen, was ist. Sie haben es stattdessen immer daran gemessen, was sein könnte!

Wechselt man jedoch die Perspektive, schaut man eher objektiv von außen auf die Situation unseres Ehepaares, sieht die Sache ganz anders aus:

> Die Lösung einer solchen scheinbar verfahrenen Situation liegt darin, sich der Probleme in den einzelnen Welten erst einmal bewusst zu werden, sie zu definieren und dann Lösungsszenarien für jedes einzelne Problem zu entwickeln.

Die eine, ganzheitliche Lösung gibt es nicht, sondern nur ein sukzessives Vorgehen ist zielführend. Wobei, das sei deutlich gesagt, nicht jedes Problem aktiv gelöst werden muss. Manchmal löst sich ein Problem schon allein dadurch, dass man die eigene Perspektive verlässt und das vermeintliche Problem von außen, aus objektiver Sicht, betrachtet.

Vielleicht haben auch Sie schon Situationen erlebt, in denen andere Menschen Ihnen ihre Probleme schildern und Sie um Rat fragen. Sie hören sich die Schilderung an und denken: *„Deine Probleme möchte ich haben. Lass uns einfach unsere Probleme tauschen, dann sind wir vielleicht beide glücklich."* Fakt ist, dass jeder Mensch in seiner eigenen Problemwelt ein Stück weit gefangen ist und er nicht oder kaum in der Lage ist, die Probleme wertneutral zu betrachten.

Die eigenen Probleme sind immer die wichtigsten und schwierigsten. Es entsteht folglich eine Problemhierarchie: Oben stehen die eigenen Probleme. Die Probleme anderer werden untergeordnet. Das macht übrigens das Reden über Probleme manchmal auch so schwierig. Es gibt Menschen, die dazu neigen, die Schilderung der Probleme anderer nur als Vehikel oder Einladung zu benutzen, um über die eigenen zu reden.

AUF DEN PUNKT GEBRACHT

„Manchmal sieht man vor lauter Bäumen den Wald nicht mehr" – eine Sache mit Abstand zu betrachten, hilft, die nötige Energie aufzubauen, um nach Lösungsmöglichkeiten zu suchen.

Arbeitsblatt 17: Welche Handlungsfelder ergeben sich?
Dieses Arbeitsblatt bietet Ihnen die Möglichkeit, sich Ihre persönlichen Handlungsfelder in den vier Welten transparent zu machen. Der erste Schritt auf dem Weg zu mehr Zufriedenheit!

Arbeitsblatt 18: Welche Menschen sind in meinem Leben wichtig?
Machen Sie sich mithilfe dieses Arbeitsblatts einmal bewusst, wer für Sie wichtige Menschen in Ihren Lebenswelten sind.

3.4 DIE BALANCE DES LEBENS

Balance! Was ist Balance? Das Wort „Balance" ist in unserem Sprachgebrauch sehr positiv belegt. Aber was ist Balance? Im physikalischen Sinne ist Balance das Gleichgewicht von entgegenwirkenden Kräften. Im mentalen Sinne ist es die Ausgewogenheit. Spielt hier also Kraft keine Rolle mehr? Ist Balance also Ruhe? Stellt sich Balance von selbst ein?

Nein, Balance ist Bewegung und das ständige Ausgleichen zwischen verschiedenen Kräften und Einflussfaktoren! Denken Sie an den Artisten auf dem Hochseil. Er ist ständig in Bewegung, manchmal mehr, manchmal weniger, geradezu unmerklich. Aber er bewegt sich. Würde er in absoluter Ruhe verweilen, stürzte er vom Seil. Balance ist folglich niemals Stillstand, sondern immer Bewegung.

Mit der Lebensbalance ist das ebenso. Das Leben verläuft nicht geradlinig. Es unterliegt einem stetigen Wandel und ist geprägt von einem sich immer wieder ändernden Umfeld, geänderten Rahmenbedingungen und vor allem einer sich ständig ändernden Bewertung des Wertesystems des Individuums. Das, was gestern war, ist heute nicht mehr so, und es wird auch morgen wieder ganz anders sein.

Es ist aber auch die persönliche Weiterentwicklung, das Sammeln neuer Erfahrungen und das lebenslange Lernen, das uns gleiche Situationen zu anderen Zeitpunkten immer wieder anders, neu betrachten und bewerten lässt.

> Wir müssen uns bewegen. Balance bedeutet hier nicht Gleichgewicht im physikalischen Sinne, sondern Ausgewogenheit der unterschiedlichen Lebensbereiche. Diese Ausgewogenheit bestimmt die Zufriedenheit, die wir in unserem Leben erlangen.

3.4.1 Die vier Kernpunkte der Balance

Die Lebensbalance eines Menschen wird durch folgende vier Schlüsselfelder bestimmt:

- **Beruf und Finanzen:** Dieser Bereich der Lebensbalance wird bestimmt durch unseren Beruf. Faktoren wie Funktion, Leistung, Effizienz, Qualifikation, Kompetenzen und Weiterbildung spielen hier eine Rolle. Monetäre Faktoren sind Einkommen, Wohlstand, Vermögen etc.

- **Familie und Soziales:** Hiermit ist das gesamte private Umfeld gemeint. Ehe- und Lebenspartner, Familie und Kinder, Bekannte und Freunde und das politische beziehungsweise soziale Engagement eines Menschen.

- **Gesundheit und Fitness:** Dieses Schlüsselfeld bildet den Gesundheits- und Fitnessstatus ab. Ernährung, Vorsorge, sportliche Aktivitäten, Erholung, Entspannung und Regeneration sind hier von Bedeutung.

- **Sinn und Kultur:** Das letzte Feld betrifft die Lebensziele und Lebensvisionen, das Wertesystem, die Religion und kulturelle Einstellungen des Individuums.

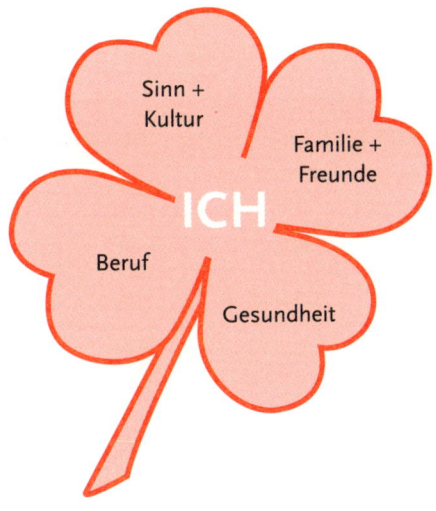

Diese vier Felder stellen im Grunde genommen die Lebensbereiche und damit einen bedeutenden Teil der Persönlichkeit eines Menschen dar. Sie beeinflussen, wie sich ein Individuum in bestimmten Situationen verhält und welche Ziele es verfolgt. Viele Menschen leben, ohne sich bezüglich der einzelnen Themenfelder intensiv Gedanken zu machen. Die Gründe für Unzufriedenheit können jedoch in jedem der Felder liegen – und zwar nicht zwangsläufig nur in einem, sondern durchaus auch in mehreren gleichzeitig.

Die Gewichtung der Lebensbereiche

Je nach Alter und Lebensabschnitt eines Menschen verändert sich die Bedeutung und Gewichtung der vier Lebensbereiche. Bei sehr jungen Menschen stehen oft die Freunde und Bekannten, das gesamte soziale Umfeld sehr im Vordergrund. Mit zunehmendem Alter bekommt die Ausbildung, der Beruf, die Karriere eine zunehmende Bedeutung. Lebenssinn und Lebensziele sind hier noch untergeordnet.

Mit Mitte 30 sind es dann oft die Familie und die Kinder, die das Leben bestimmen. Jenseits der 50, wenn die Kinder langsam erwachsen werden, die beruflichen Ziele erreicht sind und die ersten Zeichen des Alters ihre Spuren hinterlassen, bekommen Gesundheit und Fitness einen hohen Stellenwert. Je älter wir werden, desto wichtiger werden für uns Gesundheit und die Beschäftigung mit dem Sinn des Lebens – *unseres* Lebens.

Die folgende Übersicht zeigt Ihnen beispielhaft, wie sich die Prioritäten im Verlauf eines Lebens verändern.

ALTER	1. PRIORITÄT	2. PRIORITÄT	3. PRIORITÄT	4. PRIORITÄT
20–35 Jahre	Beruf	Familie und Freunde	Gesundheit	Sinn
36–50 Jahre	Familie und Freunde	Beruf	Sinn	Gesundheit
51–65 Jahre	Familie und Freunde	Gesundheit	Sinn	Beruf
ab 66 Jahre	Gesundheit	Sinn	Familie und Freunde	Hobbys

In Coachingprozessen erhalten wir im Gespräch über die Gewichtung der einzelnen Bereiche häufig nur ein sehr unklares Bild. Viele Menschen haben sich darüber noch keine tiefer gehenden Gedanken gemacht und sind der Meinung, dass alle Felder gleich wichtig sind. Steigt man tiefer ein, so wird oft schnell deutlich, dass die Ursachen für Probleme und Unzufriedenheiten in einer unbewussten Priorisierung eines Feldes zu finden sind. Unbewusst deshalb, weil die betreffende Person zwar einem der Felder eine hohe, herausgehobene Bedeutung beimisst, aus dieser Bedeutung jedoch keine Handlungen abgeleitet hat.

Soll heißen: Gebe ich meiner familiären Situation eine hohe Bedeutung, dann muss ich auch etwas dafür tun. Sind mir meine Gesundheit und Fitness sehr wichtig, sollte ich auch hier aktiv werden.

Es geht aber nicht nur darum, etwas zu tun, sondern manchmal auch darum, etwas zu lassen. Ist mir Familie wichtig und möchte ich hier viel Zeit investieren, muss ich zum Beispiel mein berufliches Engagement zurückfahren. Und übrigens – gerade beim Loslassen wird es oft schwierig! Da aber jeder Tag nur 24 Stunden hat und jedes Jahr nur 365 Tage, führt kein Weg daran vorbei.

Ein kleiner Exkurs

Wie viele Stunden freie Zeit hat ein vollbeschäftigter Mensch in einer Woche?

7 TAGE – 24 STUNDEN		STUNDEN PRO WOCHE (INSG. 168)
Schlafen	7,0 Std./Tag	49,0
Essen und Trinken	1,5 Std./Tag	10,5
Körperpflege	0,5 Std./Tag	3,5
Arbeitszeit inklusive Fahrzeit	11,0 Std./Tag	55,0
Verbleibende freie Zeit		**50,0**
Freie Zeit am Wochenende		30,0
Freie Zeit während der Woche		20,0
Freie Zeit pro Werktag		4,0

50 Stunden pro Woche für all das, was uns Spaß macht? Das ist nicht viel. Da die freie, frei verfügbare und frei planbare Zeit sich gerade auf das Wochenende konzentriert, findet hier eine enorme Verdichtung von „Spaß-Aktivitäten" statt, also den Aktivitäten, zu denen wir Lust haben. Ja, hier entsteht geradezu Freizeitstress. Sicherlich ist diese Zeitknappheit auch einer der Gründe, warum ein deutsches Ehepaar nur durchschnittlich acht Minuten pro Tag miteinander redet!

Wie sieht Ihr Zeitkontingent aus?

Sind Sie zufrieden mit der Zeit, die Ihnen für die schönen Dinge des Lebens zur Verfügung steht? Machen Sie einmal für sich persönlich eine Aufstellung, für welche Aktivitäten Sie wie viel Zeit verwenden, und beurteilen Sie den „Spaßfaktor" jeder dieser Aktivitäten.

Wenn Sie dann der Meinung sind, dass Sie zu viel Zeit für ungeliebte Aktivitäten verschwenden, überlegen Sie, was Sie ändern können. In diesem Zusammenhang ist selbstverständlich auch entscheidend, inwieweit das aufgewendete Zeitkontingent zu Ihrer Priorisierung der vier Lebensbereiche passt.

Wenn Sie in einer Partnerschaft leben, ist es sehr sinnvoll, die Gewichtung der Lebensbereiche gemeinsam abzustimmen und zu überprüfen, ob die Prioritäten auch in Ihrem Zeitkontingent ausreichend Berücksichtigung finden. Eine unserer Erfahrungen aus unseren Coachings, die wir oft mit einer Lebensbalance-Analyse beginnen, ist, dass viele Menschen die vier Bereiche zwar in eine klare Prioritätenliste bringen können, dass aber die für die vier Bereiche aufgewendeten Zeitkontingente der Priorisierung oftmals diametral entgegenstehen. Das heißt, die Balance kann sich gar nicht einstellen und Unzufriedenheit ist vorprogrammiert oder bereits eingetreten.

Schaut man sich in dem oben abgebildeten Beispiel die zeitliche Verteilung der vier Lebensbereiche an und vergleicht man sie mit ihrer individuellen Gewichtung, so zeigt sich, dass es große Differenzen geben kann.

3.4.2 Gefahren einseitiger Vernachlässigung

Um Zufriedenheit zu erlangen, muss das Ziel sein, über einen längeren Zeitraum eine verhältnismäßige Ausgeglichenheit aller vier Lebensbereiche zu erreichen. Ausgeglichen bedeutet hier nicht eine verhältnismäßig gleiche Verteilung, sondern eine Verteilung entsprechend den persönlichen Prioritäten. Es kommt zwangsläufig zu Fehlentwicklungen und Unzufriedenheit, wenn wir einen für uns wichtigen Bereich – aus welchem Grunde auch immer – vernachlässigen und andere Bereiche von untergeordneter Priorität überbetonen. Die Rechnung wird nicht immer sofort präsentiert, sondern häufig erst viel später und manchmal sogar zu spät.

Vernachlässigen Sie zum Beispiel Ihren Beruf, ist das Resultat nicht sofort spürbar. Es vollzieht sich schleichend. Zunächst bemerken Ihre Führungskräfte, dass Ihre Leistung, die Ergebnisse nicht mehr so sind, wie sie einmal waren. Es gibt die ersten Gespräche. Der Druck wächst, der Grad der Beobachtung steigt. Ändert sich nichts zum Positiven, folgen die nächsten Gespräche. So geht es auf der Spirale nach unten weiter. Das Ende heißt dann: Versetzung oder Kündigung.

Vernachlässigen Sie die Familie, verbringen Sie zu wenig Zeit mit ihr und haben Sie zu wenig Zeit für gemeinsame Aktivitäten, ist auch das nicht sofort in vollem Ausmaß spürbar. Es findet aber eine schleichende Entfernung und Entfremdung statt, in der die emotionale Kluft zwischen Ihnen und Ihrer Familie immer größer wird. Plötzlich stellt man dann fest: Wir haben gar keine Gemeinsamkeiten mehr!

> Je früher wir diese Gefahren erkennen und auf eine ausgewogene Balance achten, desto eher können wir gegensteuern und das Gleichgewicht wiederherstellen.

Das Tückische ist, dass wir teilweise den Verlust der Balance nicht sofort spüren, es verläuft – wie gesagt – schleichend und man kann sich sogar an einen Zustand des Ungleichgewichts gewöhnen. Gerät man hingegen plötzlich aus dem Gleichgewicht, spürt man es sofort und ergreift auch sofort Gegenmaßnahmen, um die Balance wiederherzustellen.

Es ist wie bei einem Frosch, den man in einen Topf mit heißem Wasser wirft. Der Temperaturunterschied ist so eklatant und heftig, dass er sofort aus dem Topf springt. Setzt man ihn jedoch in einen Topf mit kaltem Wasser und erhitzt es langsam, so nimmt der Frosch tragischerweise die zunehmende Temperaturerwärmung nicht wahr, er gewöhnt sich daran und kommt schließlich ums Leben.

VERNACHLÄSSIGUNG VON ...	FÜHRT AUF DAUER ZU ...
Beruf und Finanzen	• Schwierigkeiten mit Mitarbeitern oder Kunden • Kündigung/Insolvenz • finanziellen Schwierigkeiten • Selbstwertproblemen
Familie und sozialen Kontakten	• Partnerkonflikten oder gar Trennung • enttäuschten Kindern / Verlust nicht nachholbarer Zeit • wenig Freunden / Verlust von Freunden ... Einsamkeit
Gesundheit und Fitness	• geringer Leistungskraft, geringer Belastbarkeit • körperlichen Beschwerden, Krankheit • Übergewicht, Schlaffheit
Sinn und Kultur	• Orientierungslosigkeit, Sinnkrise • fehlendem Halt bei schwer wiegenden Problemen • persönlicher und geistiger Stagnation

Die Folgen der Vernachlässigung eines oder mehrerer Lebensbereiche sind oft erst mit Zeitverzögerung zu spüren. Gegensteuerungsmaßnahmen greifen nicht sofort, auch hier gibt es einen Zeitversatz. Es kommt folglich darauf an, sehr sensibel auf die eigene Lebensbalance zu achten und ein Frühwarnsystem zu etablieren, um so gegebenenfalls frühzeitig gegensteuern zu können.

3.4.3   Lebensbalance und Zufriedenheit

Nur der Mensch ist glücklich und zufrieden, der sein Leben – wie man so schön sagt – fest im Griff hat. Sein Leben im Griff zu haben bedeutet, sein Leben bewusst zu steuern und auf sich ändernde Rahmen- und Umfeldbedingungen frühzeitig zu reagieren, um wieder auf den alten, definierten Kurs zu kommen.

Der Kurs, der Weg zum (Lebens-)Ziel wird durch zwei Dimensionen bestimmt:

- Auf der einen Seite sind es alle Einflüsse, die von außen auf uns wirken,
- und zum anderen sind es unsere Ziele, die durch Werte, Normen, Wünsche und Träume definiert werden.

Die äußeren Umstände ändern sich stetig und auch unser gesamtes Wertesystem ist einem ständigen Wandel unterworfen.

Wie steht es nun um Ihre Lebensbalance? Haben Sie überprüft, welche Priorität Sie den vier Lebensbereichen augenblicklich und zukünftig geben werden?

Wenn diese Prioritäten für Sie klarer und deutlicher geworden sind, würde uns das sehr freuen. Aber es reicht natürlich nicht, diese Prioritäten nur zu definieren, sondern Sie müssen auch etwas dafür tun. Sind Sie also auch tatsächlich in der Lage, die notwendigen Dinge zu tun, um die Bedeutung zu stützen, die die einzelnen Lebensbereiche für Sie haben? Und sind Sie in der Lage und willens, bestimmte Dinge zu lassen oder zu reduzieren? Hier noch einmal die Schlüsselfragen:

- Was werden Sie tun?
- Was werden Sie lassen beziehungsweise reduzieren?
- Wer wird Sie dabei unterstützen?
- Wird es Probleme bei der Umsetzung geben?
- Bis wann werden Sie gegebenenfalls eine Änderung herbeigeführt haben?

Nur um es deutlich zu machen: Wir müssen uns um alle vier Lebensbereiche kümmern; lediglich die Gewichtung, der Aufwand und der persönliche Einsatz je Lebensbereich ist individuell unterschiedlich. Ihre Zufriedenheit wird von allen vier Feldern beeinflusst. Zufriedenheit im Beruf führt zu Erfolg im Beruf. Zufriedenheit im familiären und sozialen Umfeld bedingt die private Zufriedenheit. Gesundheit und Fitness sind der Grundstein der physischen Zufriedenheit, und last, but not least ist ein sinnerfülltes Leben die Basis für psychische Zufriedenheit.

Auch hier ist Ausgewogenheit und Balance sehr wichtig. Es gibt keine goldene Regel oder ein allgemeingültiges Rezept für die optimale Verteilung und Gewichtung der Bereiche. Jeder muss in Abhängigkeit seiner Lebenssituation und seiner individuellen Lebensziele definieren, wie viel Gewicht und wie viel Zeit den einzelnen Lebensbereichen zuteilwerden kann und soll.

AUF DEN PUNKT GEBRACHT

Balance bedeutet in Bewegung sein und alle wesentlichen Bereiche des eigenen Lebens zur eigenen Zufriedenheit auszugleichen. Einmal ein Gleichgewicht gefunden zu haben, bedeutet auf keinen Fall, dass es so bleibt, denn im Wandel der Zeit kommt es persönlich wie auch aus dem Umfeld immer wieder zu Verschiebungen. Balance kann nur bei permanenter Reflexion und Anpassung gehalten werden.

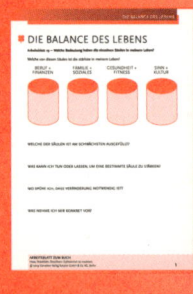

Arbeitsblatt 19: Welche Bedeutung haben die einzelnen Säulen in meinem Leben?
Mit diesem Arbeitsblatt können Sie die Bedeutung der Säulen Ihres Lebens reflektieren. Das ermöglicht Ihnen, dort Zufriedenheit zu ernten, wo für Sie alles passt. Handlungsoptionen erkennen Sie durch ein mögliches Ungleichgewicht.

Arbeitsblatt 20: Wie stressgefährdet bin ich?
Finden Sie mithilfe dieses Arbeitsblatts heraus, ob es in Ihrem Leben Warnzeichen für ein drohendes Burn-out-Syndrom gibt.

3.5 DAS LEBEN ZUFRIEDEN STEUERN

Wie bereits beschrieben, sollten wir versuchen, unser Leben bewusst zu steuern. So zu steuern wie ein Steuermann sein Schiff. Der Steuermann analysiert sein Umfeld und reagiert auf Strömungen, das Wetter und die Kurse anderer Schiffe. Er richtet sein Schiff immer wieder neu aus und bringt es auf den vorbestimmten Kurs, um sein Ziel zu erreichen.

Der Steuermann lenkt sein Schiff aber nicht nur selbstbestimmt, sondern er wird auch fremdbestimmt – von seinem Kapitän, von Lotsen und so weiter. Und genauso ist das mit Ihrem Leben. Wir steuern, soweit wir können, aber wir werden auch gesteuert. Es kommt darauf an, die Selbstbestimmung mit der Fremdbestimmung abzugleichen und immer wieder Kurskorrekturen vorzunehmen.

3.5.1 Eigen- und Fremdsteuerung

Selbststeuerung bedeutet, Entscheidungen zu treffen und Verantwortung zu übernehmen. Wir haben immer die Wahlfreiheit. Aber diese Wahlfreiheit ist Fluch und Segen zugleich.

Ein Segen ist es dann, wenn wir vorhersehen können, welche Konsequenzen sich aus einer bestimmten Entscheidung ergeben. Schwierig wird es hingegen, wenn wir nicht absehen können, welche Folgen eine Entscheidung haben wird. Wie auch immer: Wir haben diese Entscheidung getroffen und müssen mit den Folgen leben.

	EINFACHE ENTSCHEIDUNG	MITTELSCHWERE ENTSCHEIDUNG	SCHWERE ENTSCHEIDUNG
Beispiel	Es wird regnen und ich gehe jetzt spazieren. Soll ich ... • den Schirm aufspannen oder • den Regen genießen?	Auswählen und entscheiden zwischen: • Autos • Urlaubszielen • Restaurants	• Stau auf der Autobahn – abfahren oder drauf bleiben? • Partnerwahl • Berufswahl
Konsequenz	Klar absehbar.	Mit hoher Wahrscheinlichkeit erkennbar (weil ein bestimmter Wissensstand vorhanden ist).	Nicht absehbar und nicht einschätzbar.

Je schwieriger eine Entscheidung ist, je weniger prognostizierbar ist, mit welchen Folgen zu rechnen ist, desto mehr neigen wir dazu, die Verantwortung zu verschieben oder zu verteilen. Sie kennen das vielleicht: Es steht eine Entscheidung an, die Tragweite ist nicht abzusehen, folglich fällt die Entscheidung schwer. Was tut man? Man bindet andere ein, man überträgt Verantwortung.

Typisch ist zum Beispiel folgende Frage: *„Was hältst du davon, wenn wir es so machen?"* Die Folgen der Entscheidung – insbesondere im Falle eines negativen Ausganges – werden dann kollektiv getragen. Oder die Verantwortung wird komplett übertragen: *„Ich habe dich ja gefragt und du hast gesagt, wir sollten es so machen!"* Impliziert wird hier: Ich hätte es ja anders gemacht, aber du wolltest es so. Klappt gut, ist aber unfair! Und vor allem – es ändert nichts!

Ver-*antwort*-en im Sinne der Eigenverantwortung und Eigensteuerung bedeutet, auf folgende Fragen zu antworten:

- Wollen – Will ich das tun?
- Können – Kann ich das tun?
- Müssen – Muss ich das tun?
- Dürfen – Darf ich das tun?

Hat man diese Fragen jeweils positiv für sich beantwortet, liegt die Entscheidung und die Verantwortung bei einem selbst. Reflektieren Sie einmal, wie viele Entscheidungen, die Ihr Leben betreffen, ausschließlich von Ihnen gefällt und getragen werden. Diese Frage ist deshalb entscheidend, weil mit dem Grad des selbstverantwortlichen Handelns, also der Eigensteuerung, der Grad der Lebenszufriedenheit steigt. Sie sind nicht nur für Ihre Ziele verantwortlich, sondern auch für den Weg, auf dem Sie bestimmte Ziele erreichen.

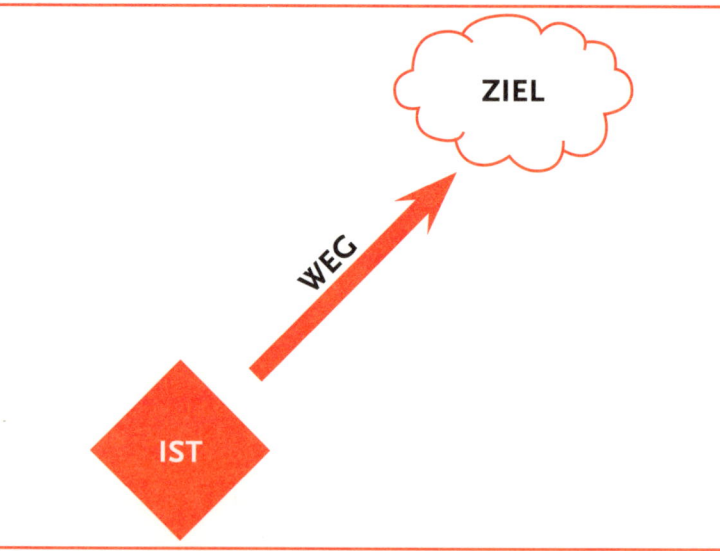

Im Umkehrschluss bedeutet das: Je mehr ein Mensch fremdgesteuert ist, desto intensiver neigt er dazu, bei Problemen die Verantwortung an diejenigen zurückzugeben, die für die Entscheidung verantwortlich sind.

Beispiel

Ein Beispiel aus dem Leben: Eine 17-jährige Schülerin ist wahrlich keine Leuchte in Mathematik. Die erste Klassenarbeit im Schuljahr war eine glatte Fünf. Die Eltern, verständlicherweise ein wenig nervös, sprechen mit der Tochter und entwickeln einen gemeinsamen Plan: Vor der nächsten Arbeit erstellt der Vater, der zugegebenermaßen auch keine mathematische Leuchte ist und war, aber wenigstens planvoll handeln kann, einen Lernplan.

An diesen Lernplan hat sich die Tochter zu halten, und jeweils abends soll sie die durchgearbeiteten Kapitel des Mathematikbuches mit dem Vater durchsprechen. Wohlgemerkt: Der Plan wurde nicht gemeinsam mit der Tochter entwickelt, sondern ausschließlich vom Vater.

Die Klassenarbeit naht, und der Plan ist weitestgehend abgearbeitet. Wie ist nun das Ergebnis der Arbeit? Wieder eine Fünf!

Es wäre übertrieben zu sagen, die Tochter wäre ihren Eltern mit einer gewissen Genugtuung entgegengetreten. Dennoch war ihr Kommentar beim Überreichen der Klassenarbeit an ihren Vater folgender: *„Dein Plan war wohl doch nicht so gut!"*

Was war geschehen? Die Schülerin übernahm nicht die Verantwortung für die Fünf, denn es war nicht ihre Schuld! Schuld war der schlechte Plan des Vaters. Sie hätte wahrscheinlich, wenn man sie gelassen hätte, ganz anders und natürlich viel besser gelernt. Hier hat die Verantwortungsverschiebung aufs Feinste funktioniert, denn die Tochter war nicht selbst-, sondern fremdgesteuert. Was übrigens in solchen Fällen durchaus praktisch sein kann.

Wenn Selbststeuerung aber so wichtig für Zufriedenheit ist, wie verhindern oder minimieren Sie dann Fremdsteuerung? Wie behält man das Ruder in der Hand? Wie vermeide ich, dass mein Leben in hohem Maße fremdbestimmt abläuft?

Es hat etwas mit den Zielen und den Wegen beziehungsweise Mitteln der Zielerreichung zu tun. Hinterfragen Sie einmal Ihre Ziele. Sind es Ihre eigenen? Oder hat jemand Ihnen diese Ziele gegeben, vorgeschrieben? Identifizieren Sie sich mit Ihren Zielen und vor allem: Sind Ihre Ziele realistisch?

Es ist in diesem Zusammenhang übrigens auch möglich, dass Sie Ihre Ziele zwar nicht vorgegeben bekommen und daher der Meinung sind, es seien tatsächlich Ihre eigenen Ziele – dass Ihre Ziele aber trotzdem nicht Ihrem eigenen Werte- und Zielsystem entstammen. Der Grund dafür ist, dass persönliche Ziele durch das soziale Umfeld, in das man eingebettet ist, entstehen. Der Freundes- und Bekanntenkreis, das berufliche Umfeld, die Gegend, in der man lebt – all das lässt Ziele entstehen. Hier werden Messlatten gelegt, die es dann zu erreichen gilt, um im Umfeld – wie man so schön sagt – soziale Anerkennung zu finden.

Hier werden also Ziele „gemacht", Ziele von der Gesellschaft vorgegeben. Jürgen und Claudia hat es ebenso getroffen. Sie waren ebenfalls sehr stark darauf bedacht, soziale Anerkennung zu bekommen, und haben ihre Ziele auf dieser Grundlage definiert, ohne zu überprüfen und zu hinterfragen, ob es sich dabei tatsächlich um die eigenen Lebensziele handelt.

Es musste das Haus in der Neubausiedlung sein, weil alle jungen und erfolgreichen Familien in Neubausiedlungen wohnen. Es musste ein bestimmtes Auto sein, weil alle erfolgreichen Paare ein ähnliches Auto fahren. Es musste beruflicher Erfolg sein, damit man sich das alles leisten konnte. Es mussten zwei Kinder sein, weil Kinder einfach dazugehören. Diese Liste lässt sich nahezu endlos verlängern.

Diese soziale Zielkonformität finden wir bei Kleidung, der Auswahl von Hobbys, dem Besuch bestimmter Lokale, sozialen und politischen Einstellungen, bei der Berufswahl usw. Was prinzipiell immer dahintersteckt, ist das Gefühl des „Muss ich haben, weil andere es auch haben!".

Sie merken, wir reden über Status und Anerkennung. Aus Statusdenken entstehen Ziele. Aber werden wir nicht häufig genau dadurch getrieben? Getrieben, unsere eigenen Werte und Normen zu verlassen und uns nur noch, oder zu einem beträchtlichen Teil, an gesellschaftlichen Statusnormen zu orientieren?

Unsere Ziele beeinflussen unser Denken und Wollen und letztendlich unser Tun und Handeln.

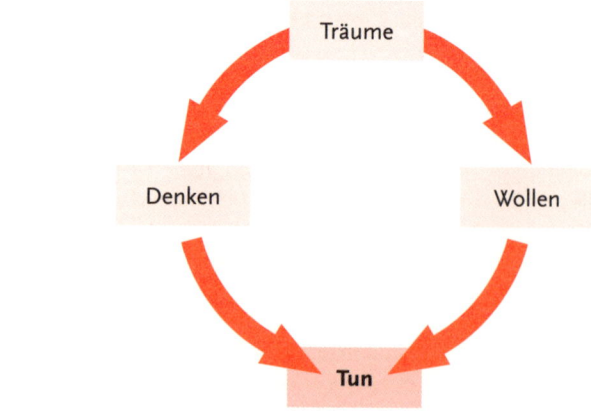

Zurück zu Ihnen: Wie sieht es bei Ihnen aus? Welche Ziele verfolgen Sie und wie hoch ist der Anteil gesellschaftlicher Statusnormen bei Ihren Zielen? Stellen Sie sich einmal vor, Sie wären plötzlich in einem anderen sozialen Umfeld. Welchen Einfluss hätte das auf Ihre ganz persönlichen Ziele?

Vielleicht ist dieses Gedankenspiel ein Weg, die Ziele noch einmal dahin gehend zu überprüfen, wie sehr sie durch Fremdsteuerung, durch Einfluss von außen, geprägt sind. Sofern die Ziele dann immer noch Relevanz haben, ist das in Ordnung, dann können Sie sich mit ihnen wirklich identifizieren. Aber möglicherweise verliert das eine oder andere Ziel durch diese Reflexion auch an Bedeutung oder wird durch andere ersetzt.

Selbstverständlich kann und soll sich niemand komplett aus seinem sozialen Kontext lösen. Dazuzugehören ist etwas Wichtiges. Ein Außenseiter zu sein ist schwierig. Aber:

> Ein wenig selbstbewusster seinen eigenen Weg zu gehen, soziale Zielkonformität auch einmal bewusst aufzugeben, ist keine Selbstausgrenzung, sondern ein Teil des Weges zur Zufriedenheit.

Wir leben aber nicht nur in unserem (privaten) sozialen Umfeld. Reichlich Fremdbestimmung erleben wir in unserem **beruflichen Umfeld**. Kaum jemand, der im Beruf, seiner Profession, das tun kann, was er tun möchte. Wir werden gesteuert, man sagt uns, was wir wie zu tun haben – manchmal, ohne dass wir überhaupt gefragt werden, ob das unseren Vorstellungen auch entspricht.

Es wäre vermessen zu erwarten, nur noch selbstbestimmt den beruflichen Alltag bewältigen zu können. Da gibt es Führungskräfte, Kollegen, Kunden, Märkte und äußere Einflussfaktoren. Auf all diese Faktoren und Einflüsse müssen wir reagieren. Und manchmal muss man sich eingestehen: Wenn ich es nicht tue, dann tut es jemand anders!

Fremdsteuerung hat allerdings auch sehr viel mit individueller Wahrnehmung zu tun. Werde ich zwar fremdgesteuert, entspricht diese Steuerung aber meinen Normen, Werten und Zielen und hätte ich auch ohne Fremdsteuerung so gehandelt, erlebe ich die Fremdsteuerung nicht negativ. Werde ich jedoch entgegen meinen Vorstellungen und Zielen gesteuert, ist die Wahrnehmung ausgesprochen negativ.

Noch einmal: Niemandem wird es gelingen, ein Berufsleben ohne das Gefühl der Fremdsteuerung zu führen. Die Frage ist aber, wie hoch der Anteil der Tätigkeiten ist, bei denen man das Gefühl hat, gegen die eigenen Interessen fremdbestimmt zu sein. Ist dieser Anteil höher als der des selbstbestimmten Handelns, sollte man sich grundsätzlich die Frage stellen, ob man im richtigen Beruf, in der richtigen Funktion arbeitet und ob die Firma, die Organisation, für die man arbeitet, wirklich die richtige ist.

Entscheidend ist folglich die „Passung" zwischen Mensch, Funktion und Organisation (vgl. Bernd Schmid, ISB Wiesloch). Die folgenden Fragen nach der Passung sind für Ihre berufliche Zufriedenheit von entscheidender Bedeutung, da das Gefühl von Fremdbestimmung – und damit die Unzufriedenheit – mit sinkender Passung deutlich zunimmt.

ERMITTELN SIE DIE PASSUNG ZWISCHEN SICH, IHRER FUNKTION UND DER ORGANISATION, IN DER SIE ARBEITEN

Frage 1	Ist der Beruf, den Sie heute ausüben, wirklich der, den Sie sich immer noch wünschen? Ist also Ihr Beruf Ihre Berufung?
Frage 2	Ist Ihre Funktion, abgeleitet aus Ihrem Beruf, das, was Sie sich wünschen, und entspricht sie Ihren Vorstellungen?
Frage 3	Können Sie sich mit der Organisation, in der Sie arbeiten, identifizieren? Tragen Sie die Entscheidungen, die getroffen werden, weitestgehend mit?
Frage 4	Akzeptieren Sie Ihr sozial-berufliches Umfeld? Stimmen Ihre Werte und Normen mit denen Ihrer Führungskräfte, Kollegen und Mitarbeiter weitgehend überein?

Je öfter Sie hier innerlich „Nein" gesagt haben, desto weniger stimmt die Passung und desto häufiger werden Sie sich fremdbestimmt fühlen. Bei vielen Entscheidungen, die fallen, haben Sie schlicht und ergreifend das Gefühl, dass Sie es anders und – aus Ihrer subjektiven Sicht – besser hätten machen können. Sie hätten anders entschieden, aber sie konnten und durften nicht.

Was ist in diesem Fall zu tun? Nun, Sie sind wieder an einem Punkt angelangt, an dem es für Sie darum geht, eine für Sie möglicherweise fundamentale Entscheidung zu treffen: Love it, change it, or leave it!

Stimmt die Passung nicht oder nicht mehr, müssen Sie überlegen, wie hoch Ihr persönlicher Leidensdruck ist. Ist er aus Ihrer Sicht inakzeptabel hoch, müssen Sie versuchen, etwas zu ändern. Können Sie nichts ändern (allerdings sollten Sie es wirklich versucht haben) und möchten Sie sich mit dem Zustand nicht arrangieren, bleibt Ihnen nur die Möglichkeit des Verlassens.

Das Ziel soll sein, von der Leidensebene auf die Handlungsebene zu gelangen. Nicht Sie werden behandelt, sondern Sie handeln. Allein durch aktives Handeln erreicht man nicht automatisch einen hohen Grad an Zufriedenheit. Die Zufriedenheit stellt sich dann ein, wenn man im Sinne seiner Ziele und Werte handelt. Und das geht nur, wenn man in einem System agiert, dessen Werte und Normen man teilt.

3.5.2 Aspekte von Rollen

Erwartungen, die andere Menschen an einen stellen und die man selbst an sich stellt, sind immer mit den Rollen verbunden, die man innehat. Deshalb muss man sich der Rollen bewusst sein, die man in der jeweiligen Lebensphase ausfüllt. Das persönliche Rollenmodell ist niemals statisch, sondern einem kontinuierlichen Veränderungsprozess unterworfen. Rollen ändern sich, alte Rollen fallen weg und neue kommen hinzu. Auch die Prioritäten im persönlichen Rollenmodell verschieben sich.

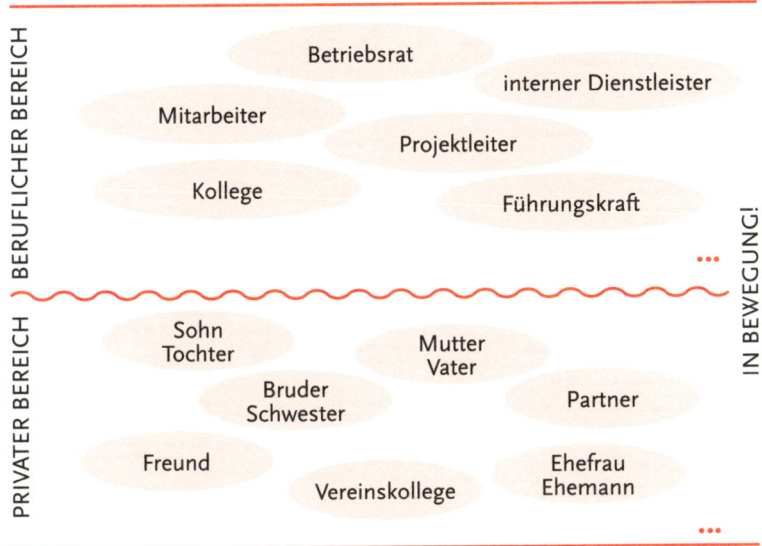

Ihr „Ich" agiert also ständig in unterschiedlichen Rollen. Um das eigene Leben positiv zu gestalten, ist es wichtig, die unterschiedlichen Rollen wahrzunehmen und jede für sich mit Denk-, Fühl- und Verhaltensmustern zu füllen. Damit lässt sich jede Rolle als ein System von Einstellungen, Gefühlen, Verhaltensweisen und Wirklichkeitsvorstellungen mit den dazugehörenden Beziehungen definieren.

Für Sie persönlich ist entscheidend, welche Rollen Sie einnehmen, was andere von Ihnen in Ihrer Rolle erwarten und was Sie selbst von sich in den unterschiedlichen Rollen erwarten. Im Grunde genommen ist das Leben ein Theaterstück, in dem die Protagonisten selbst bestimmen, welche Rolle sie spielen. Es ist aber kein Ein-Mann-Stück, sondern unterschiedliche Schauspieler übernehmen unterschiedliche Rollen. Das Stück ist dann gut, wenn jeder seine Rolle ausfüllt und das Zusammenspiel klappt. In der folgenden Grafik haben wir einmal beispielhaft dargestellt, welche Rollen ein Mensch einnehmen kann und wie die prozentuale Verteilung der Zeit auf die einzelnen Rollen sein kann.

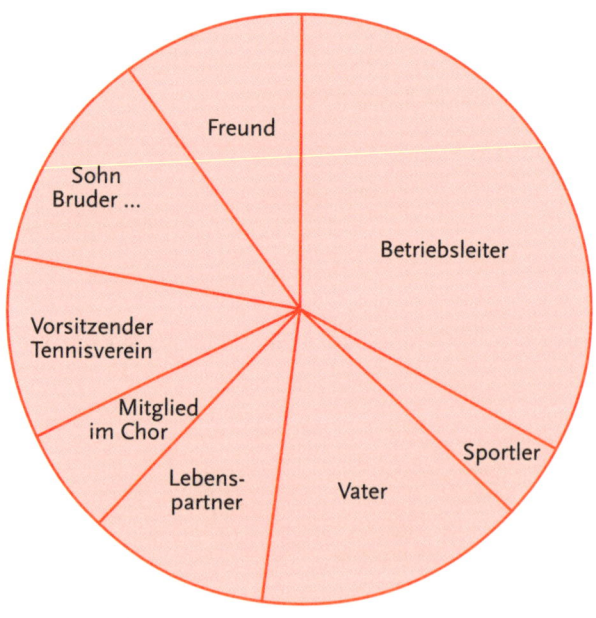

Mögliche zeitliche Verteilung der Rollen

Nehmen Sie sich ein Blatt Papier und zeichnen Sie Ihr persönliches Rollendiagramm, aus dem die auf die jeweiligen Rollen entfallende Zeit hervorgeht.
Zeichnen Sie es zunächst einmal so, wie es sich im Hier und Jetzt darstellt,
und seien Sie sehr realistisch. Überlegen Sie, ob Ihre Lieblingsrollen überhaupt vertreten sind. Haben Sie ausreichend Zeit für Ihre Lieblingsrollen?
Oder lässt der Aufwand für die Rollen, die Sie spielen *müssen*, kaum Raum für
die anderen, die Sie spielen *wollen*?

Zeichnen Sie nun das Rollendiagramm so, wie es aus Ihrer Sicht im Optimalfall aussehen könnte und sollte! Was ist anders? Was können Sie tun,
damit der Soll-Zustand erreicht wird? Wer muss „mitspielen", um diesen Zustand zu erreichen? Lassen die Rahmenbedingungen, in denen Sie leben,
diesen angestrebten Zustand überhaupt zu? Und schlussendlich: Ist dieser
Idealzustand, ganzheitlich betrachtet, realistisch?

Bei der praktischen Arbeit am eigenen Rollenmodell ist es wichtig, die inneren Selbstorganisationsmechanismen zu erkunden und das Rollenmanagement zu beherrschen. Einige Fragen zur Erkundung der eigenen Rollenvielfalt
sollen Sie dabei unterstützen.

FRAGEN ZUR ERKUNDUNG DER EIGENEN ROLLENVIELFALT

1. **Welche Rollen habe ich privat und beruflich?**

2. **Wie ist jede dieser Rollen ausgestaltet?**
- Welche Aufgabe habe ich in dieser Rolle?
- Welche Kompetenzen brauche ich für diese Rolle?
- Welche Kompetenzen bringe ich bereits mit?
- Welches Verhalten brauche ich für diese Rolle?
- Welches Verhalten bringe ich bereits mit?
- Was sind meine Erwartungen an die Rolle?
- Wer hat welche Erwartungen an mich in dieser Rolle?

3. **Welche Bedeutung und Wichtigkeit haben diese Rollen für meine Zufriedenheit?**
- Wie ist die Priorisierung der einzelnen Rollen?
- Wo ergeben sich Spannungen zwischen den Rollen?
- Was sind die Auslöser für diese Spannungen?
- Wo liegen die Ursachen für diese Spannungen?
- Was können Sie tun, um die Spannungen abzubauen?

Je besser Sie die vielen unterschiedlichen Rollen definieren, priorisieren und
füllen, desto höher wird wahrscheinlich auch Ihre Zufriedenheit sein. Zum

erfolgreichen Rollenmanagement (Bernd Schmid, ISB Wiesloch) gehört aber auch, sich die verschiedenen Dimensionen von Rollen zu verdeutlichen:

- **Rollenklarheit** ist das Wissen um die Vielfalt meiner Rollen und meine Kenntnis der Aufgaben und Erwartungen, die mit den jeweiligen Rollen verknüpft sind.

- **Rollenkompetenz** beschreibt die Kompetenz, die notwendig ist, die Rolle im eigenen, aber auch im Sinne anderer auszufüllen.

- **Rollenstabilität** bedeutet die Fähigkeit, stabil in einer Rolle zu verbleiben, auch wenn parallel andere Rollen angesprochen werden.

- **Rollenflexibilität** ist die Fähigkeit, zwischen den unterschiedlichen Rollen zu wechseln, ohne die Kernrollenkompetenzen zu verlieren.

- **Rollenfixierung** macht möglich, situativ und bewusst eine Rolle verstärkt wahrzunehmen, wenn es nötig und sinnvoll ist.

- **Rollenkonflikt** beschreibt eine Situation, in der sich Aufgaben und Erwartungen einer Rolle mit denen einer anderen Rolle konträr gegenüberstehen.

Bei alldem ist aber eines ganz entscheidend. Priorisieren Sie Ihre Rollen nicht nur nach den Gesichtspunkten der Wichtigkeit oder Dringlichkeit! Überlegen Sie auch, welches Ihre Lieblingsrollen sind – also die Rollen, die Sie gerne spielen und die Ihnen richtig Spaß machen. Vielleicht gelingt es Ihnen durch erfolgreiches Rollenmanagement, genau für diese Rollen mehr Freiräume zu erhalten.

AUF DEN PUNKT GEBRACHT

Jeder von uns nimmt viele Rollen im privaten und beruflichen Umfeld ein. Mit diesen Rollen verbunden sind Erwartungen, die der Rolleninhaber an sich selbst hat und die seine Mitmenschen an ihn haben. Dabei unterstützen sich unterschiedliche Rollen und andere stehen im Widerspruch zueinander. Die große Kunst ist es, die einzelnen Rollen in Balance zu bringen und zu halten.

Arbeitsblatt 21: Welches sind meine Lebensrollen? Mit diesem Arbeitsblatt können Sie sich die Vielfalt Ihrer privaten und beruflichen Rollen bewusst machen.

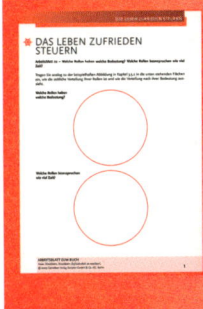

Arbeitsblatt 22: Welche Rollen haben welche Bedeutung? Welche Rollen beanspruchen wie viel Zeit?
Spannend ist es, aufbauend auf Arbeitsblatt 21 die Bedeutung der einzelnen Rollen ihrer zeitlichen Beanspruchung gegenüberzustellen. Unzufriedenheitspotenziale werden hier sehr deutlich.

3.5.3 Der Einfluss von Erwartungen

Was sind Erwartungen? Erwartungen definieren sich aus der gesellschaftlichen Rolle, die man innehat. Jede Rolle generiert Erwartungen an die Person, die sie ausfüllt. Ralf Dahrendorf hat hier zwischen verschiedenen Arten der Erwartung unterschieden:

- **Kann-Erwartungen** sind die schwächste Form. Man muss sie nicht unbedingt erfüllen. Erfüllt man sie jedoch, steigert man sein gesellschaftliches Ansehen und kommt in den Genuss von positiven Sanktionen.

- **Soll-Erwartungen** sind die Erwartungen, die den „harten Kern" der Pflichten bezeichnen. Erfüllt man sie nicht, drohen mit Sicherheit negative Sanktionen.

- **Muss-Erwartungen** sind die Pflichten eines Rolleninhabers, die verbindlich festgeschrieben sind. Bei Nichterfüllung droht nicht irgendeine Sanktion, sondern Strafe.

Geht man von der eigentlichen Wortbedeutung – nämlich „er-*warten*" – aus, wartet jemand darauf, dass ein anderer etwas tut oder dass etwas passiert. Man wartet aber nicht nur auf die Handlung oder ein Ereignis, sondern man hat eine ganz konkrete Erwartungs*haltung*. Wir unterscheiden bei dieser Betrachtungsweise zwischen vier unterschiedlichen Formen von Erwartungen:

- Die **ausgesprochenen Erwartungen** werden klar definiert und bewusst ausgesprochen. Sender und Empfänger sind klar. Eine Person äußert gegenüber einer anderen Person ihre konkrete Erwartungshaltung. Diese Erwartungen können sowohl persönlicher Natur sein als auch organisatorischer Art.

- **Unausgesprochene Erwartungen** sind meist klar definiert, werden aber nicht ausgesprochen. Das kann vielschichtige Gründe haben. So kann zum Beispiel die Erwartung aus Sicht des Senders so selbstverständlich sein, dass es der Worte nicht bedarf. Oder man will die Erwartung nicht formulieren, um zu sehen, ob der andere diese Erwartung auch unausgesprochen erfüllt. Oder man sagt nichts, um dem anderen hinterher zu sagen, dass er die Erwartungen nicht erfüllt.

- **Uneingestandene Erwartungen** sind diejenigen, die eigentlich nicht in das eigene Wertesystem passen und deshalb verleugnet werden. Man darf diese Erwartungen nicht haben, also hat man sie auch nicht! *„Was nicht sein darf, das nicht sein kann."* Im Hinblick auf die eigene Zufriedenheit kommt diesen Erwartungen eine ganz besondere Bedeutung zu. Hat man das Gefühl, der Anteil der uneingestandenen Erwartungen ist sehr hoch oder steigt sogar, kommt man zunehmend mit dem eigenen Wertesystem in Konflikt.

   Das Wertesystem passt nicht (mehr) zu den eigenen Erwartungen. Folglich muss man sein Wertesystem den Erwartungen anpassen. Die Frage ist dann nur, inwieweit ein geändertes Wertesystem dann noch zu dem sozialen Kontext passt, in dem man lebt! Konsequenterweise müsste man sich in der Folge sogar der eigenen Zufriedenheit zuliebe von seinem sozialen Umfeld entfernen.

- Die **unbewussten Erwartungen** sind die, die man noch gar nicht kennt. Sie können jedoch geweckt werden. Sie „schlummern" in einem und werden oftmals erst bewusst durch Reize, die von außen kommen. Diese Reize können durch Veränderungen in Wertesystemen entstehen, in denen wir uns bewegen.

Diese Erwartungen – ganz gleich, welcher Form – können von anderen an uns herangetragen werden. Dahinter steht also eine Erwartungshaltung eines Menschen, einer Organisation oder eines Systems, die es zu erfüllen gilt, um den Ansprüchen zu genügen.

Darüber hinaus gibt es die Erwartungen, die man an sich selbst stellt, die also nicht von außen an einen herangetragen werden. Im Grunde genommen legt man hier selbst die Messlatte, die es zu erreichen gilt (innere Antreiber, vgl. Kapitel 3.2).

Die Unzufriedenheit anderer mit Ihnen, aber auch Ihre eigene Unzufriedenheit mit sich selbst entsteht durch zu hohen Erwartungsdruck. Je mehr Erwartungen Sie im beruflichen und persönlichen Umfeld nicht erfüllen können, desto höher wird die eigene Unzufriedenheit und die Unzufriedenheit der Systeme mit Ihnen.

Folglich müssen Sie die Erwartungen aussteuern und auf ein realistisches Maß herabschrauben. Erwarten Sie von sich nur das, was Sie auch wirklich leisten können und wollen. Überprüfen Sie die Erwartungen, die an Sie gestellt werden. Können Sie sie wirklich erfüllen? Sind die Erwartungshaltungen erfüllbar? Falls nicht, müssen auch diese Erwartungen an ein realistisches Maß angepasst werden.

Natürlich ist das nicht immer so einfach. Bedeutet es doch, seiner Umwelt mitteilen zu müssen, dass die Erwartungen, die an einen gestellt werden, nicht erfüllbar sind. Es ist aber auf jeden Fall besser, die Erkenntnis, dass die Erwartungen zu hoch gesteckt sind, frühzeitig aktiv anzusprechen, als zu warten, bis die Enttäuschung des Umfelds durch die Macht des Faktischen einsetzt.

Die Erwartungen anderer zu kennen, ist in unseren Augen übrigens ganz klar eine Holschuld. Wer immer nur darauf wartet, dass andere ihre Erwartungen klar artikulieren, wird viele Erwartungen nicht erfahren.

Erwartungen, die ich nicht kenne, kann ich nicht erfüllen. Deshalb hilft hier nur eines: Man muss die Menschen nach ihren Erwartungen fragen, denn nur sprechenden Menschen kann geholfen werden!

So weit zu den Erwartungen, die möglicherweise an Sie gestellt werden. Es sind aber nicht nur die Erwartungen, die Sie erfüllen sollen und wollen und die einem das Leben mitunter „schwer machen", sondern Sie haben auch Erwartungen an andere. Sie erwarten etwas vom Staat, in dem sie leben. Sie erwarten Dinge in Ihrer Partnerschaft. Sie erwarten bestimmte Leistungen und Verhaltensweisen von Ihren Kindern, Verwandten und Freunden. Sie erwarten Gegenleistungen für Ihre Arbeit. Sie erwarten Wertschätzung, Liebe, Lob, Anerkennung. Sie er-*warten* und manche Menschen warten ihr ganzes Leben lang!

Sie müssen sich also nicht nur fragen, wer welche Erwartungen an Sie hat, sondern ebenso, welche Erwartungen Sie eigentlich an andere Personen, an Systeme oder an bestimmte Situationen haben.

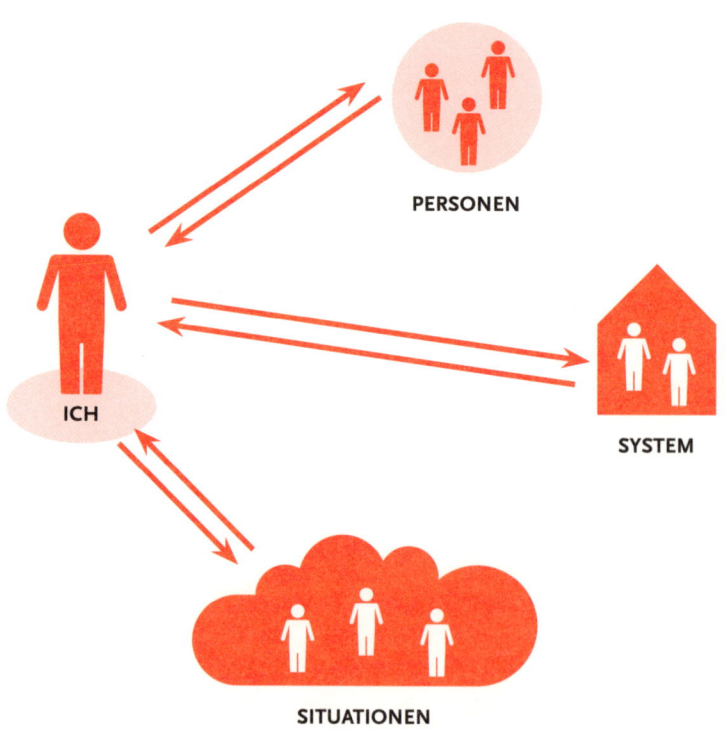

- Welche Erwartungen haben Sie an andere Menschen?
- Sind Ihre Erwartungen bekannt?
- Sind Ihre Erwartungen erfüllbar?
- Welche Erwartungen haben Sie an bestimmte Situationen?
- Sind diese Erwartungen realistisch?
- Inwieweit können Sie die Situation überhaupt beeinflussen?
- Welche Erwartungen haben Sie an Systeme?
- Sind Ihre Erwartungen kommuniziert?
- Sind Ihre Erwartungen hier erfüllbar?

Die Mehrdimensionalität der Erwartungen – und zwar sowohl der Erwartungen, die andere Menschen an Sie haben, als auch der Erwartungen, die Sie an andere Menschen, Systeme und Situationen haben – macht deutlich, wie unser aller Leben und unsere Zufriedenheit durch Erwartungen gesteuert wird.

Eines gelingt mit absoluter Sicherheit nicht: nämlich das, was im englischen Sprachraum als „wishful thinking" bezeichnet wird. Ihre Erwartungen werden nicht dadurch erfüllt, dass Sie nur intensiv genug daran glauben und abwarten!

AUF DEN PUNKT GEBRACHT

Der Einfluss von Erwartungen hat viele Dimensionen: Kann-Erwartungen, Soll-Erwartungen, Muss-Erwartungen, ausgesprochene Erwartungen, unausgesprochene Erwartungen, uneingestandene Erwartungen und unbewusste Erwartungen. Warten oder Handeln – das ist die Frage.

Arbeitsblatt 23: Welche Erwartungen habe ich an andere Personen und welche Erwartungen haben andere Personen an mich?
Dieses Arbeitsblatt bietet Ihnen die Chance, sich die Erwartungen von und an andere Personen näher ins Bewusstsein zu rufen.

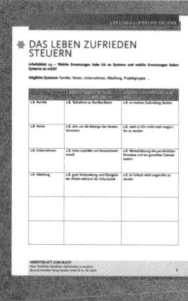

Arbeitsblatt 24: Welche Erwartungen habe ich an Systeme und welche Erwartungen haben Systeme an mich?
Dieses Arbeitsblatt beschäftigt sich mit der unüblichen Frage, ob Sie Erwartungen an Systeme und Systeme Erwartungen an Sie haben. Gemeint sind zum Beispiel Ihre Familie, Ihr Verein, Ihr Unternehmen.

Arbeitsblatt 25: Welche Erwartungen habe ich an bestimmte Situationen und welche Erwartungen haben andere in diesen Situationen an mich?
Finden Sie mit diesem Arbeitsblatt heraus, welche Erwartungen in unterschiedlichen Situationen an Sie gestellt werden, und machen Sie sich bewusst, welche Erwartungen Sie an bestimmte Situationen haben.

3.5.4 Die vier Kernelemente der Selbststeuerung

Wie bereits erwähnt, sollte es unser Ziel sein, unser Leben, soweit es eben geht, selbst und selbstverantwortlich zu steuern. Fremdsteuerung ist Beeinflussung von außen und verhindert das selbstverantwortliche Handeln. Auch wenn es manchmal durchaus bequem sein kann, sich auf eben diese Fremdsteuerung zurückzuziehen, wenn etwas nicht so läuft, wie man es sich eigentlich gewünscht hat. Aussagen wie folgende sind symptomatisch:

- *„Ich hätte es ja anders gemacht, aber ..."*
- *„Wenn man mich nur gelassen hätte, dann ..."*
- *„Ich wollte das nicht, aber ..."*
- *„Dafür kann ich keine Verantwortung übernehmen, denn ..."*

Im Grunde genommen gibt man durch solche oder ähnliche Formulierungen zu, nicht selbst zu steuern, sondern gesteuert zu werden. Wer gesteuert wird, braucht die Verantwortung für den Kurs und die Zielerreichung nicht zu übernehmen. Eine wunderbare Form der Verantwortungsverschiebung!

Diese Verantwortungsverschiebung mag durchaus entlastend wirken. Aber zufriedener wird man dadurch nicht! Man kann sich selbst entlasten, da das Ziel, das erreicht worden ist, nicht das eigene ist, weil man halt auf den Weg „gesetzt" worden ist. Was bleibt, ist aber die Tatsache, dass man nicht die eigenen Ziele verfolgt hat. Passiert das häufiger, ist Frustration vorprogrammiert.

Aus unserer Sicht besteht die tatsächliche Selbststeuerung, das Steuerrad der Selbststeuerung, aus vier Kernelementen:
- Selbstverantwortung
- Selbstbewusstheit
- Selbstvertrauen
- Selbstüberwindung

Vielleicht neigen wir alle dazu, gerade in schwierigen Entscheidungssituationen weniger vom „Ich" als vielmehr vom „Wir" zu reden. Was passiert? Man zieht sich zurück auf Kollektiventscheidungen.

Selbstverantwortung und Selbststeuerung finden aber immer in der Ich-Form statt:
- *„Ich übernehme die Verantwortung!"*
- *„Ich bin mir bewusst!"*
- *„Ich vertraue!"*
- *„Ich überwinde mich!"*

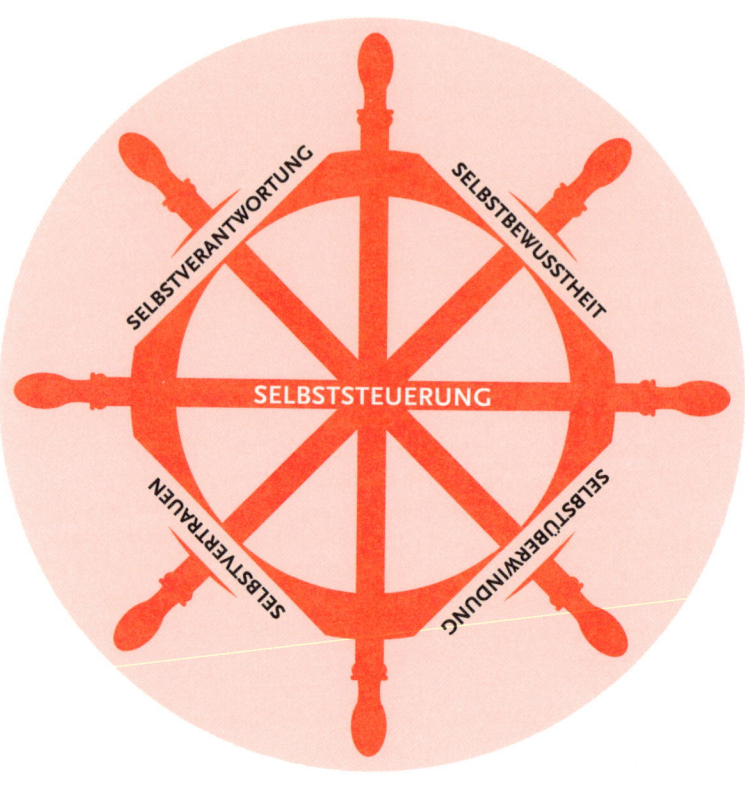

Schauen wir uns die einzelnen Kernelemente der Selbststeuerung etwas genauer an.

Selbstverantwortung

Selbstverantwortung bedeutet, klar und sicher Entscheidung-en zu treffen. Die Schlüsselfragen, die eindeutig mit „Ja" oder „Nein" beantwortet werden, sind:

- Will ich das tun?
- Kann ich das tun?
- Muss ich das tun?
- Darf ich das tun?

Etwas ausführlicher betrachtet steht das Wollen für die eigene Motivation, den eigenen Antrieb, etwas zu tun. Das Können beschäftigt sich mit den Ressourcen. Bin ich überhaupt in der Lage, etwas zu tun? Das Müssen wird in höchstem Maße beeinflusst durch einen Handlungsdruck, der entweder von außen oder aus sich selbst heraus entsteht. Das Dürfen richtet sich nach Grenzen. Gegen welche moralischen, ethischen oder legalen Grenzen verstoße ich, wenn ich etwas tue?

Habe ich mich entschieden, habe ich meine Entscheidungsfreiheit wahrgenommen, liegt die Verantwortung für das, was passiert, ausschließlich bei mir.

Selbstbewusstheit

Sich seiner selbst bewusst zu sein, bedeutet nicht nur, Klarheit über die eigenen Ziele, Bedürfnisse und Wünsche zu haben, sondern auch, die eigenen Rollen zu kennen, zu definieren und sie auszufüllen. Weiterhin geht es um die Erwartungen – diejenigen, die ich an mich selbst stelle, aber auch die, die, resultierend aus meinen Rollen, andere an mich stellen.

Die eigenen Ziele, die Rollen und die Erwartungen dienen letztendlich dem Lebensziel, dem Sinn und Wert des eigenen Lebens. Insofern ist die Selbstbewusstheit auch die Lebensbewusstheit – ich bin mir über den Sinn meines Lebens bewusst. Der Umgang mit den eigenen Stärken und Schwächen, der Umgang mit Erfolgen und Misserfolgen und der Umgang mit den eigenen Emotionen – sowohl positiv als auch negativ – schärfen das Bewusstsein für die eigene Lebenssituation.

SELBSTVERANTWORTUNG

SELBSTBEWUSSTHEIT

SELBSTSTEUERUNG

SELBSTÜBERWINDUNG

SELBSTVERTRAUEN

Klarheit über	Umgang mit
Ziele	
Rollen	■ Stärken
Erwartungen	und
Sinn und	Schwächen
Wert des	■ Erfolg und
eigenen	Misserfolg
Lebens	■ positiven,
	negativen
	Gefühlen

Selbstvertrauen

Vertraue ich mir? Das, was ich tun möchte, muss ich mir auch zutrauen. Ich muss an mich, meine Fähigkeiten, meine Leistungsfähigkeit glauben. Das hat zur Folge, dass die Ziele, Visionen und inneren Bilder, die ich verfolge, realistisch sind. Nur mit ausreichendem Selbstvertrauen bin ich in der Lage, Vereinbarungen mit mir selbst einzugehen und fest an ihre Umsetzung zu glauben. Aus diesem Selbstvertrauen, dem Ausschluss von Selbstzweifeln, entsteht die Freude, die es bereitet, wenn man etwas wirklich tun will.

Selbstüberwindung

Der innere Schweinehund ist der Störenfried und Bremser der Selbststeuerung. Er sorgt manchmal dafür, dass wir Dinge nicht tun, weil wir andernfalls

Mut, Risikobereitschaft und Energie aufwenden müssten. Es ist erst einmal viel einfacher, nichts zu tun. Also obsiegt der Schweinehund!

Wir müssen bereit sein und ausreichend Selbstdisziplin aufbringen, auch an (Schmerz-)Grenzen zu gehen und Grenzen zu überwinden. Dann können wir mit Zuversicht in eine weitgehend selbstgestaltete Zukunft blicken.

SELBSTVERANTWORTUNG

SELBSTBEWUSSTHEIT

SELBSTVERTRAUEN

SELBSTÜBERWINDUNG

SELBSTSTEUERUNG

- Zuversicht in die Zukunft
- Mut und Risiko-
  bereitschaft
- Inneren Schweinehund
  überwinden
- Selbstdisziplin

Störungen bei der Selbststeuerung

Beschäftigt man sich mit den positiv geladenen Elementen der Selbststeuerung, so sollte man sich ebenso damit beschäftigen, was Selbststeuerung unter Umständen nachhaltig verhindern und blockieren kann.

Einer dieser Blockierer ist mangelndes Selbstvertrauen. Klar – glaube ich nicht an mich und traue ich mir etwas nicht zu, dann werde ich es mit ziemlicher Sicherheit auch nicht schaffen. Glaube ich darüber hinaus auch noch fest genug daran, dass ich es wirklich nicht schaffen werde, entsteht eine „Selffulfilling Prophecy".

Es ist schon manchmal ein aberwitziges Phänomen: Es gibt Menschen, die wollen etwas Bestimmtes erreichen. Sie zweifeln aus unterschiedlichen Gründen an sich selbst und ihren Fähigkeiten. Sie beginnen, an diesem Ziel zu arbeiten, sagen sich jedoch innerlich: *„Das schaffe ich sowieso nicht!"* Auf dem Weg der Zielerreichung treten dann (selbstverständlich) Schwierigkeiten auf. Wie ist nun die Reaktion? Genau: *„Ich wusste doch, dass das nicht möglich ist!"* Was ist das Phänomenale daran? Die Freude über die Bestätigung dafür, dass man ja vorher schon gewusst hat, dass das Ziel nicht zu erreichen ist, ist größer als die Trauer und Enttäuschung darüber, dass das Ziel nicht erreicht worden ist.

Auch mangelnde Selbstdisziplin hemmt ungemein. Natürlich, ich kann mir vieles vornehmen. Aber zugegebenermaßen muss man sich manchmal dazu zwingen, es dann auch tatsächlich zu tun. Es gibt Dinge, die tut man gern. Da ist fehlende Selbstdisziplin meist nicht das Problem. Es gibt aber auch Dinge, Aufgaben und Ziele, die getan und erreicht werden müssen, auch wenn man emotional eigentlich nicht so richtig dahintersteht. Hier stößt dann die fehlende Selbstdisziplin auf fruchtbaren Boden – hier ist sie herzlich willkommen!

Verantwortungsverschiebung, eine weitere mögliche Störung bei der Selbststeuerung. Die Verantwortungsverschiebung kann auf unterschiedliche Arten stattfinden. Ein besonders eindrucksvolles Beispiel ist das berühmte „Hotel Mama": Man ist zufrieden, weil man sich um nichts kümmern muss, für nichts verantwortlich ist, aber über alles und alle meckern darf! Gehen Sie ein paar Zeilen zurück: Hier wird nicht aktiv gehandelt, sondern man *wird* behandelt! Das aber freiwillig – und meistens werden die Behandelten sehr gut behandelt!

Es kommt aber auch vor, dass Verantwortung gegen den Willen des Betroffenen entzogen wird. Die härteste Form dieser Verantwortungsverschiebung ist die Entmündigung. Hier einige Beispiele für Verantwortungsentzug:

- Die Ehefrau entscheidet, was der Mann anzieht.
- Der Ehemann entscheidet eigenständig, wohin die Familie in den Urlaub fährt.

- Der Ehepartner entscheidet allein über die Freizeitgestaltung der Familie.
- Die Eltern entscheiden über den Kopf des Kindes hinweg, welche weiterführende Schule es besuchen soll.
- Die Führungskraft greift in den Verantwortungsbereich des Mitarbeiters ein.
- Die Führungskraft beschneidet die Projektverantwortung eines Mitarbeiters.
- Der Abteilungsleiter wird in die Entscheidung über die Einstellung eines neuen Mitarbeiters nicht oder zu spät eingebunden.

Sie können diese Aufstellung in Gedanken um Beispiele aus Ihrem eigenen Leben beliebig verlängern. Die Folge dieses bewussten oder unbewussten Verantwortungsentzugs ist immer die gleiche. Entziehe ich jemandem Verantwortung, verschiebe ich die Verantwortung auf jemand anderen oder mich selbst, wird er in der Folge auch nicht bereit sein, die Verantwortung für das Ergebnis zu übernehmen. Bei auftretenden Problemen wird er nicht selbstständig handeln, sondern eine Lösung bei demjenigen einfordern, der ihm die Verantwortung entzogen hat.

> Es leuchtet ein, dass sich durch die fehlende Identifikation und Selbststeuerung Spaß und Zufriedenheit nicht entwickeln können. Ganz im Gegenteil: Hohe Frustration ist die Folge!

Verantwortung kann aber nicht nur von außen entzogen werden. Es gibt auch Situationen, in denen Menschen die Übernahme von Verantwortung aus den unterschiedlichsten Gründen ablehnen. Auch hier einige Beispiele:

- Die Ehefrau entzieht sich der Entscheidung über das neue Auto: *„Ist ja dein Auto!"*
- Der Ehemann entzieht sich der Entscheidung über den anstehenden Schulwechsel des Sohnes: *„Wenn du meinst, dass das richtig ist!"*
- Der Vater lehnt die Verantwortung für den Berufswunsch der Tochter ab: *„Wenn du damit glücklich wirst!"*
- Ein Mitarbeiter entzieht sich der Verantwortung für ein neues, vorgegebenes Projekt: *„Ich halte das nicht für richtig!"*
- Ein Mitarbeiter im Verkauf übernimmt nicht die Umsatzverantwortung: *„Dieser Jahresumsatz ist in meinem Gebiet unmöglich!"*
- Ein Geschäftsführer lehnt die Verantwortung für das Unternehmen ab: *„O.k., wenn die in den USA das so wollen!"*

Es ist ganz interessant zu sehen, was hier geschieht: Die Verantwortung für etwas in der Zukunft Liegendes wird „mit Ansage" nicht übernommen. Ist der Ausgang negativ (was ja erwartet wurde, sonst hätte man die Verantwortung schließlich nicht abgelehnt), kann man sich mehr oder weniger entspannt zurücklehnen und kundtun: *„Ich wollte das ja nicht!"* Oder: *„Ich hätte das anders gemacht!"* Oder noch besser: *„Habe ich ja gleich gesagt!"*

Auch wenn man mit solchen Aussagen unter Umständen sogar recht hat – zufriedener wird man dadurch nicht! Weder man selbst, noch das Umfeld. Es bleibt für alle Beteiligten der Beigeschmack der Unterlassung. Unterlassene Hilfeleistung, unterlassene Kommunikation, unterlassene Beratung und vielleicht sogar unterlassene Opposition oder Revolution.

AUF DEN PUNKT GEBRACHT

Der Grad der Selbststeuerung steigt bei Menschen mit einem hohen Maß an Selbstverantwortung, Selbstbewusstsein, Selbstvertrauen und einer guten Portion Selbstüberwindung. Es gibt auch Situationen im Leben, in denen man die Fremdsteuerung förmlich genießt. Das sind Momente, in denen Unsicherheit und Unklarheit über das eigene Handeln besteht. Es ist bequem, die Verantwortung abzugeben.

Arbeitsblatt 26: Was brauche ich zur Stärkung meiner eigenen Steuerung?
Mit diesem Arbeitsblatt können Sie sich konstruktiv mit Ihrer Selbststeuerungsfähigkeit beschäftigen. Durch eine Analyse Ihrer Stärken und Schwächen bei den vier Elementen der Selbststeuerung finden Sie Ansatzpunkte zur Stärkung Ihrer Zufriedenheit.

3.6 DER UNTERSCHIED

Wie langweilig wäre es, wenn wir alle gleich wären. Unterschiede machen unser Leben interessant. Vielfältigkeit ist toll, wir vergleichen nicht Äpfel mit Birnen und lieben den Unterschied – hoffentlich! Unterschiedliche Einstellungen, Sichtweisen, Meinungen und Werte bereichern uns und unsere Kultur.

Wie gehen Sie persönlich mit Unterschieden um? Schrecken Sie unterschiedliche Meinungen eher ab oder erleben Sie sie als etwas Positives? Wie ist Ihre Einstellung zu anderen Kulturen, zu anderen Lebensformen, zu anderen Religionen und anderen ethischen oder moralischen Zielen? Was bedeutet für Sie „Andersartigkeit"? Ist sie positiv oder negativ belegt?

Unterschiede werden sehr oft durch Gegensatzpaare beschrieben, so wie in der Grafik auf der gegenüberliegenden Seite dargestellt. Dies ist oft ein wenig eindimensional, weil es natürlich innerhalb bestimmter Merkmale auch sehr viele Abstufungen und Grauzonen geben kann.

Wie Sie beim Betrachten der Grafik vielleicht bemerken werden, haben Sie Präferenzen für bestimmte Merkmale. Ihnen sind möglicherweise große und schlanke Menschen sympathischer als kleine und dicke. Sie treffen lieber optimistische Menschen als Pessimisten. Kreativität liegt Ihnen mehr als praktisches Denken. Sie verbringen Ihren Urlaub lieber in den Bergen als in der Ebene und Sonnenschein ist besser als Regen.

Bezüglich dieser Merkmale gibt es – wie gesagt – persönliche Präferenzen. Ein objektives „Gut" oder „Schlecht" gibt es nicht. Denn jeder Mensch hat seine ganz persönliche Betrachtungsweise und basierend auf seiner Erziehung, dem Kulturkreis, dem er entstammt, und seiner Einbettung in soziale, wirtschaftliche und politische Systeme ist seine Betrachtungsweise eine sehr individuelle.

> Wir müssen uns davor hüten, die Welt und die Menschen um uns herum zu schnell und zu absolut durch „unsere Brille" zu betrachten und anhand unserer Wertmaßstäbe zu beurteilen. Anders ist nicht schlecht – nur eben anders!

In diesem Kapitel werden wir uns mit dem Unterschied beziehungsweise der Vielfalt auseinandersetzen und beleuchten, welche Auswirkungen ein bewusster Umgang mit diesen – wie wir meinen sehr positiven – Dimensionen auf unsere Lebenszufriedenheit haben kann.

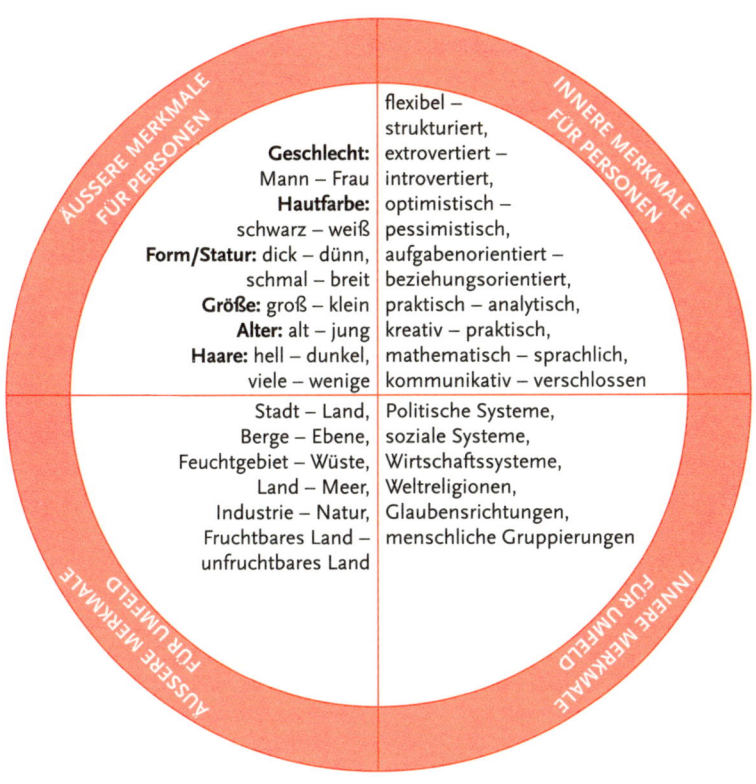

3.6.1 Die Faszination der Vielfalt

Ist Vielfalt und Andersartigkeit wirklich Faszination oder doch eher Bedro-hung? Sicherlich erlebt auch das jeder Mensch anders. Der eine ist offener für Neues, Ungewohntes. Der andere liebt das Bekannte und Gewohnte und kann dem Neuen nicht viel Gutes abgewinnen.

So gibt es Menschen, die seit 20 Jahren an ein und denselben Ort, in Urlaub fahren, immer in dasselbe Hotel. Man weiß, was man erwarten kann, man kennt sich und man wird erkannt. Und man weiß, was man nicht erwar-ten muss: das Unbekannte!

Für andere Menschen wiederum wäre diese Form der Urlaubsgestaltung undenkbar. Sie fahren in jedem Urlaub an einen anderen Ort in einem anderen Land und genießen im Grunde genommen das Unbekannte. Die Routine, das Gewohnte finden sie langweilig.

Aber auch unter den Menschen, die sich lieber auf das Neue als Herausforderung einlassen, gibt es wiederum große Unterschiede. Hier gibt es solche, die sich in die fremde, andersartige Kultur geradezu fallen lassen. Sie leben, essen und schlafen wie Einheimische. Andere hingegen bevorzugen internationale Hotels mit gewohntem Standard, gehen im Hotel oder bei McDonald's essen und freuen sich über die deutschsprachige Reiseleitung. Sie federn also das Ungewohnte durch ein vertrautes Umfeld ab. Ein bisschen Abenteuer reicht halt auch!

Wohlgemerkt, alle diese Menschen sind glücklich und zufrieden. Auf jeden Fall dann, wenn sie das, was sie tun und wie sie es tun, freiwillig und selbstbestimmt tun.

Wenn wir der Vielfalt, dem Unbekannten und dem Außergewöhnlichen etwas Positives und Faszinierendes abgewinnen, dann hat das etwas mit unserer persönlichen Bewertung zu tun. Allgemeingültig gesprochen fasziniert uns das Neue, wenn wir es nicht als Bedrohung erleben.

Wie erlangen Sie Sicherheit in unbekannten Situationen? Die totale Sicherheit gibt es natürlich nicht. Es ist aber möglich, sich vorzubereiten. Gemäß der Maxime „Expect the unexpected" können Sie versuchen, sich durch möglichst viele Informationen ein Bild des Unerwarteten zu machen. Um das auf unsere Urlaubsbeispiele zu übertragen: Je mehr und intensiver man Reiseführer über ein fremdes Land liest, desto vertrauter wird einem das Land und umso besser ist man auf das vorbereitet, was einen dort an Unbekanntem erwartet. Spricht man dann darüber hinaus auch mal mit Menschen, die dieses Land selbst einmal bereist haben, wird das Bild noch klarer.

Es ist also die Vorbereitung, die uns die unbekannte Vielfalt weniger bedrohlich erscheinen lässt. Das Denken in Szenarien wie „Was kann passieren, wenn ..." oder „Was kann ich dort erwarten?" ist bei dieser informationellen, aber auch mentalen Vorbereitung sehr sinnvoll. Die Vielfalt ist etwas sehr Positives, auch – oder vielleicht gerade weil – sie sehr viel Unbekanntes beinhaltet.

Letztlich ist es so, dass es einer Bewertung eingetretener und noch nicht eingetretener Situationen bedarf, um die Vielfalt, die unser Leben uns bietet, wirklich genießen zu können. Je besser Sie vorbereitet sind, desto seltener wird es Ihnen passieren, dass Situationen Sie unangenehm überraschen. Die Bewertung erfolgt aus Ihrer persönlichen Sicht, nicht aus einer gesellschaftlich neutralen. Denn was aus Ihrer Sicht positiv ist, muss für den Rest der Welt nicht zwangsläufig ebenfalls positiv sein und vice versa. Das, was Sie als negativ empfinden, können andere Menschen ganz anders erleben – auch das ist Vielfalt!

Selbst in Krisen und Krisenzeiten ist das so. Nicht nur, dass jede Krise Chancen bietet, sondern in jeder Krise gibt es auch Gewinner. Gewinner sind sehr häufig diejenigen, die sich auf schlechte Zeiten vorbereitet haben, die sich schon in guten Zeiten Gedanken darüber gemacht haben, was denn wäre, wenn ...

Der Blick nach vorn öffnet die Augen und schafft einen Sinn für Perspektiven und Chancen. Der Blick zurück sagt einem lediglich, warum man da steht, wo man steht. Und aus Erfahrungen lernt man, indem man sie auf Tätigkeiten, Aktivitäten und Einstellungen überträgt, die in die Zukunft gerichtet sind.

3.6.2   Bewertung und Vergleich als Orientierung

Wir bewerten ständig. Eigentlich besteht unser Leben aus einer endlosen Kette von Bewertungen. Aber was ist Bewertung? Und warum bewerten wir? Bewerten wir bewusst oder bewerten wir eher unbewusst?

Be-*wert*-en bedeutet, Dingen, Menschen, Sachverhalten, aber auch Situationen einen Wert zu geben. Einen Wert, der optimalerweise unserem eigenen Wertesystem entstammt. Das heißt, wir betrachten zum Beispiel eine Sache und beurteilen nach Abgleich mit unseren persönlichen Werten, ob sie uns gefällt oder nicht. Oder wir befinden uns in einer Situation und entscheiden gemäß unseren Maßstäben, ob wir uns darin wohl fühlen oder nicht.

Fällt uns eine spontane Entscheidung schwer, hilft oft zusätzlich die Abschätzung bestehender Vor- und Nachteile. Wie gesagt, es sind teilweise keine bewussten Prozesse, sondern vielmehr intuitive.

Man bewertet aber nicht nur anhand seiner persönlichen Bewertungsstandards, sondern durchaus auch vergleichend.

Eine vergleichende Bewertung schafft uns eine Orientierungshilfe bei bestimmten Entscheidungen. Bei – zum Beispiel – Einkäufen, Investitionen, Freizeitaktivitäten und beruflichen Optionen wägen wir die verschiedenen Möglichkeiten gegeneinander ab, bestimmen Vor- und Nachteile und entscheiden uns dann. Maßgebend ist auch hier wieder unser persönliches Wertesystem.

Ähnliches geschieht bei Entscheidungen, deren Ergebnis in der Zukunft liegt. Basierend auf Erfahrungen, Analysen und Szenarien werden die Chancen und Risiken dieser Entscheidung abgeschätzt.

Die vergleichende Bewertung dient aber auch der persönlichen Standortbestimmung. Kommen wir daher zu Ihnen. Was dient Ihnen als Vergleichsmaßstab, wenn Sie für sich bestimmen, wo Sie stehen? Vergleichen Sie sich mit Menschen, denen es augenscheinlich besser geht als Ihnen? Oder vergleichen Sie sich mit denjenigen, denen es schlechter geht? Sind Sie getrieben von Gedanken wie: *„Wenn es so bleibt, ist es gut!"* Oder: *„Mir geht es nur gut, wenn es mir morgen so geht wie heute."* Oder noch stärker: *„Mir geht es nur gut, wenn es mir morgen besser geht als heute."*? Ist Ihr Leben bestimmt durch ein Denken in Steigerungen? Gibt es bei Ihnen auf einer Leiter nur den Weg nach oben?

Wie dem auch sei: Das Ergebnis einer vergleichenden Bewertung führt entweder zu Zufriedenheit oder eben zu Unzufriedenheit. Es ist wie so oft eine Frage des Maßstabs. Vergleichen Sie sich nur mit Menschen, denen es aus Ihrer Sicht besser als Ihnen geht, so ist die Unzufriedenheit vorprogrammiert. Der Vergleich mit anderen kann aber natürlich auch ein Ansporn sein. Allerdings greift dieser Ansporn nur dann, wenn das Ziel auch tatsächlich realistisch ist – sonst bleibt es beim Hinterherhecheln.

Jetzt könnte man sagen, es sei ein probater Weg zur Zufriedenheit, sich doch einfach ausschließlich mit Menschen zu vergleichen, denen es schlechter geht als einem selbst. Denn dann muss man sich ja zwangsläufig einfach gut fühlen! Aber auch wenn es Menschen gibt, die diese Strategie verfolgen, so ist es doch ein schlechter Weg. Es stimmt schon:

> Eine vergleichende Bewertung kann Ihnen helfen, den eigenen Standort zu bestimmen. Sich mit anderen Menschen zu vergleichen, ist gut und richtig. Allerdings nur, wenn Sie es in verschiedene Richtungen tun – nach oben und unten, nach rechts und links!

Diese Vergleiche zeigen Ihnen Potenziale und Chancen auf. Sowohl im Positiven als auch im Negativen helfen Ihnen Vergleiche, Potenziale und Ziele, ja sogar Visionen, zu definieren, aber eben durch den Vergleich nach unten auch durchaus, Gefahren und Risiken aufzunehmen.

Der Sinn einer vergleichenden Bewertung ist es, Werte und Ziele zu definieren, die Sie erreichen wollen und können – auf Basis einer Abwägung von Chancen und Risiken, von Machbarem und Nichtmachbarem und auf Basis der eigenen Erfahrungen und der persönlichen Einschätzung der Zukunft.

Zu Beginn des Kapitels haben wir schon festgestellt, dass jeder Mensch Dinge, Situationen, Sachverhalte und Menschen anhand seines persönlichen Werteschemas bewertet. Und so ist es! Auch Sie tun das! Hinterfragen Sie einmal für sich, was Ihre Werte sind, wer für Ihr Werteschema verantwortlich ist, beziehungsweise wie die Werte, an denen Sie sich und Ihre Umwelt messen, zustande gekommen sind.

Hintergrund dieser Frage ist, dass wir kaum in der Lage sind, unsere Normen und Werte unabhängig vom gesellschaftlichen Kontext, in den wir eingebunden sind, zu definieren. Die Gesellschaft legt Normen und Werte fest. In Ihrem Freundes- und Bekanntenkreis gibt es individuelle Normen und Werte. Die Firma, in der Sie arbeiten, ist bestimmt durch eigene Normen und Werte.

> Bei der Festlegung Ihrer ganz persönlichen Normen und Werte können Sie sich diesen Einflüssen nicht entziehen. Ihr Ziel sollte aber sein, immer wieder zu überprüfen, ob die extern wirkenden Normen und Werte nicht den Ihren diametral gegenüberstehen und Sie schlussendlich – wenn Sie nichts ändern – gezwungen sind, Ihr eigenes Wertesystem gegen ein anderes, fremdes auszutauschen.

Zufriedenheit entsteht, wenn Sie sich mit Ihren eigenen Wertvorstellungen identifizieren und Ihr Leben danach ausrichten können. Je stärker Sie Ihre Werte und Normen gesellschaftlich einbringen und leben können, desto zufriedener werden Sie werden.

Im Umkehrschluss bedeutet das allerdings auch: Wenn Sie das Gefühl haben, dass Ihre Wertvorstellungen nicht mehr deckungsgleich mit denen Ihres gesellschaftlichen oder beruflichen Kontexts sind, müssen Sie etwas ändern. Sie sollten entweder Ihr Wertesystem dem Umfeld anpassen oder konsequenterweise – wenn Ihnen Ihre Werte „heilig" sind – das gesellschaftliche und/oder berufliche Umfeld ändern.

Auch das ist im Übrigen natürlich wieder eine Bewertung. Eine Bewertung, wie viel es wert ist, Dinge zu tun oder Dinge zu lassen, denn wie heißt es so schön: *„Alles hat seinen Preis!"*

Bei der Bewertung und dem Vergleich als persönlicher Orientierungshilfe gibt es zwei grundsätzliche Ausrichtungen, die unterschiedlicher kaum sein könnten, und zwar ...

- die gedankliche Potenzialorientierung und
- die gedankliche Defizitorientierung.

Gedankliche Potenzialorientierung

Die gedankliche Potenzialorientierung entwickelt aus dem Hier und Jetzt, aus gegebenen Situationen, durch Fragestellungen Handlungsmuster und Verhaltensweisen, die in Bezug auf die Zukunft Potenzialcharakter haben. Es handelt sich dabei folglich um die sehr positive Sicht auf Probleme. Das Problem ist erkannt und akzeptiert. Vor diesem Hintergrund wird nun überlegt, wie etwas Ähnliches in Zukunft verhindert werden kann oder wie das Problem zu lösen ist.

Ein diametral entgegengesetztes Verhaltensmuster ist die gedankliche Defizitorientierung. In dieser Gruppe von Menschen sind die „Mein Glas ist schon halb leer"-Denker zu finden.

Gedankliche Defizitorientierung

Es gibt Menschen, die, ganz gleich, was sie bewerten oder betrachten, immer nur durch die Negativbrille schauen. Es gelingt ihnen sogar, bei dem schönsten Sonnenschein eingehend die Schattenseite zu betrachten. Sie haben also immer den defizitären Blick: Was fehlt mir? Was kann ich nicht? Was darf ich nicht? Was geht nicht?

Es leuchtet ein, dass die Welt, durch diese Brille betrachtet, nicht besonders positiv sein kann und dass die Chancen auf Zufriedenheit schlecht stehen.

Um nicht missverstanden zu werden: Es geht uns hier nicht darum, die Welt krampfhaft durch die rosafarbene Brille zu sehen und alles schönzureden. Nein:

> Es geht uns darum, nicht alles defizitär, sondern im Sinne einer Potenzialoptimierung zu betrachten.

Auf der gegenüberliegenden Seite sehen Sie einige Beispiele für die unterschiedlichen Betrachtungsweisen.

Sicher fällt Ihnen bei der Betrachtung dieser Gegenüberstellung auf, dass die gedankliche Defizitorientierung immer als klares Statement dargestellt wird und die gedankliche Potenzialorientierung immer als „W"-Frage.

Das ist im Prinzip auch typisch für das Denkmuster von defizitorientierten Menschen: Sie sehen ein Problem und gehen nicht lösungsorientiert vor. Fatalistisch final wird konstatiert, dass eine Lösung nicht möglich ist. Meint ein solcher Mensch zu wissen, dass eine Lösung eh nicht machbar ist, was soll man dann lange fragen!

GEDANKLICHE DEFIZITORIENTIERUNG	GEDANKLICHE POTENZIALORIENTIERUNG

Sport

• Das kann ich nicht.	• Was kann ich leisten?
• Das können andere besser.	• Was kann ich besser als andere?
• Ich habe schon wieder alles falsch gemacht.	• Was brauche ich, um meine Leistung bringen zu können?
• Da hat vieles nicht gestimmt.	• Was ist für mich eine gute Leistung?

Arbeitsplatz

• Meine Arbeit ist nichts wert.	• Welche Arbeit macht mir Spaß?
• Meine Arbeit ist uninteressant und langweilig.	• Welche Potenziale kann ich entwickeln?
• Meine Kollegen sind nicht nett.	• Wo gibt es neue Arbeitsfelder?
• Ich werde nie gelobt.	• Was kann ich Neues lernen?
• Ich muss viel zu viel arbeiten.	• Was schätze ich an meinen Kollegen / an meinem Chef?
• Ich werde ausgenutzt.	• Was schätze ich an meinem Arbeits-
• Andere werden bevorzugt.	umfeld und an dem Unternehmen?
• Das macht alles keinen Spaß.	

Krankheit

• Ich kann so vieles nicht mehr.	• Was kann ich noch alles tun?
• Allen anderen geht es besser.	• Was lerne ich aus meiner Krankheit?
• Anderen passiert so etwas nie.	• Wie kann ich mit dieser Krankheit leben?
• Die Ärzte wissen auch nicht, was sie tun.	• Wie kann ich den Heilungs- beziehungsweise Stabilisationsprozess unterstützen?
• Ich kann gar nichts dafür.	

Alt werden

• Mir tut schon alles weh.	• Was kann ich alles noch?
• Ich kann nicht mehr.	• Was gibt es noch zu entdecken?
• Das brauche ich alles nicht mehr.	• Wie kann ich anderen eine Freude bereiten?
• Mich braucht niemand mehr.	• Wie kann ich mich noch nützlich machen?
• Ich störe nur.	
• Das macht alles keinen Spaß mehr.	• Was gibt es Schönes in meiner Lebenssituation?
• Das Leben ist eine Last.	

Claudia und Jürgen in unserer Geschichte gingen übrigens ganz im Sinne einer gedanklichen Defizitorientierung vor. Je länger sie sich auf der mentalen Negativspirale nach unten befanden, desto ausschließlicher beschäftigten sie sich mit Defiziten. Sie wussten genau, was ihnen alles fehlte und was sie nicht erreicht hatten. Sie konnten exakt formulieren, was sie in Zukunft nicht mehr erreichen würden.

Womit sie sich aber nicht beschäftigten, war der potenzialorientierte Blick in die Zukunft. Sie waren nicht in der Lage, auf Basis dessen, was sie erreicht hatten – auch wenn es vielleicht weniger war, als sie sich erhofft hatten –, optimistisch in Potenzialen denkend in die Zukunft zu schauen. Ihr Glas war halb leer! Und es lief Gefahr, noch leerer zu werden.

> Auch ein tendenziell potenzialorientierter Mensch erkennt das Problem – er negiert es keineswegs. Er geht aber dann konstruktiv lösungsorientiert vor. Er hinterfragt, welche Lösungswege und -möglichkeiten existieren, um das Problem aus dem Weg zu räumen.

Schauen Sie sich einmal in Ihrem direkten Umfeld um. Von welcher Sorte Menschen sind Sie dort umgeben? Sind es vermehrt die, die sich aktiv Problemen stellen und nach Lösungen suchen, oder sind es eher die anderen, die für jedes Problem das passende Statement haben?

Gerade in Krisenzeiten ist es sehr interessant zu beobachten, wie unterschiedlich wir reagieren. Viele Menschen lehnen sich geradezu fatalistisch zurück, tun nichts und harren der Dinge, die da kommen. Andere nutzen die Krise, um von eigenen Fehlern und Versäumnissen abzulenken – die Krise ist halt an allem schuld. Wiederum andere sehen die Krise als Chance und suchen aktiv nach Möglichkeiten und Optionen, die die Krise bietet.

Diese und ähnliche Verhaltensmuster finden Sie aber nicht nur bei Individuen, sondern auch in Organisationen und Firmen. Ebenso gibt es hier Firmen, die nichts tun und einfach abwarten, was die Krise mit ihnen macht. Andere konzentrieren sich auf die Felder, die von der Krise nicht betroffen sind, und richten sich strategisch neu aus.

Und dann gibt es Unternehmen – wir möchten das einmal vorsichtig als Unart bezeichnen –, die nutzen eine Krise als Alibi, um schon lange anstehende, unliebsame Entscheidungen zu begründen und zu verkünden. So werden unter dem Vorwand, die allgemeine Krise ließe keine andere Wahl, Rationalisierungsmaßnahmen, Entlassungen und Restrukturierungsmaßnahmen durchgeführt. Nicht die strategischen Fehler und Versäumnisse der Vergangenheit sind der Grund, sondern schlicht und ergreifend die Krise ist schuld!

Zurück aber zur gedanklichen Potenzialorientierung. Bei Problemen, mögen sie noch so schwer wiegend sein, müssen wir versuchen, zurück auf die

Handlungsebene zu kommen und das jeweilige Problem durch gezielte Fragen einzugrenzen und Lösungsszenarien zu entwickeln. Die eigene Zufriedenheit steigt, wenn wir handeln, und nicht – wie bereits beschrieben –, wenn wir behandelt werden. Selbststeuerung, auch in Zeiten einer Krise, ist immer die bessere Handlungsoption.

3.6.3 Positive und negative Entwicklungen und ihre individuelle Wahrnehmung

Wir haben bereits sehr viel über Selbststeuerung und selbstverantwortliches Handeln als wichtige Faktoren der Zufriedenheit geschrieben. Und natürlich ist es so, dass man sein Leben umso besser lenken und beeinflussen kann, je mehr man es wirklich in den eigenen Händen hält.

Es ginge aber selbstverständlich vollkommen an der Realität vorbei, wenn wir behaupten würden, alles im Leben sei planbar und steuerbar. Formuliert man es positiv, spielt das Leben mit uns. Es bietet uns immer wieder neue Herausforderungen, zeigt uns neue Facetten und fordert uns auf, immer wieder das Beste daraus zu machen. Es ist eine Einladung und wir sollten sie annehmen!

Die Momente, die wir positiv erleben, unsere Glücksmomente, lassen unser Leben lebenswert erscheinen. In Zeiten, in denen wir besonders viel Glück haben, in denen alles so läuft, wie wir es uns gewünscht haben, besteht allerdings die Gefahr, dass man das Glück gar nicht mehr wahrnimmt. Man stumpft sozusagen ab, das Glück wird zu einer Selbstverständlichkeit.

Auch Claudia und Jürgen haben diese Phase des „vermeintlichen Endlosglücks" intensiv durchlebt. Nach einer Weile hatten sie kein Gefühl mehr dafür, wie gut es ihnen eigentlich geht. Sie hatten sich schlicht und ergreifend an diesen Zustand gewöhnt. Und nebenbei: Es gibt schlimmere Dinge, an die man sich gewöhnen kann!

> Aber gerade in solchen Phasen andauernden Glücks ist es wichtig, sich sein Glück immer wieder selbst oder gegenseitig vor Augen zu führen, um für die schönen Momente und das Positive im Leben empfänglich zu bleiben.

Vielleicht bräuchten wir jemanden, der uns ab und zu sagt, dass es uns sehr gut geht und wir sehr, sehr zufrieden sein sollten – ähnlich wie Gaius Julius Caesar, dem im Moment der größten Triumphe ein Sklave auf Geheiß des Senats stetig ins Ohr flüsterte: *„Bedenke, dass du ein Mensch bist."*

Kleiner persönlicher Exkurs an dieser Stelle: Ein solcher „Sklave", der andere auf den Boden der Tatsachen zurückholt und das Davonschweben verhindert, stünde in unserer Gesellschaft auch dem einen oder anderen Manager und Politiker gut zu Gesicht.

Was uns als Individuum aber besonders fordert, sind diejenigen Ereignisse, die uns nicht positiv berühren. Es sind die Schicksalsschläge, die entweder uns selbst oder uns nahestehende Personen treffen. Hier sind wir oftmals sehr hilflos einer Situation ausgesetzt. Man kann am rein Faktischen nichts ändern – es ist, wie es ist.

Was man jedoch tun kann, ist, auf der einen Seite die Form der eigenen Wahrnehmung zu reflektieren und auf der anderen Seite den eigenen Umgang mit dieser Situation in der Zukunft zu definieren. Am Anfang steht die Akzeptanz. Ich muss wahrnehmen (für wahr nehmen = als Tatsache annehmen!), dass an der Situation als solcher nichts mehr zu ändern ist. Akzeptanz bedeutet hier auch einen offenen, selbstehrlichen und selbstkritischen Umgang mit den Gegebenheiten.

> Man sollte nichts beschönigen und auch nichts verharmlosen. Je mehr es gelingt, die negative Situation neutral und objektiv zu sehen, desto besser kann man sich darauf einstellen und mit dieser Situation auch tatsächlich leben.

Es gibt viele Beispiele von Menschen, die das Schicksal wirklich hart getroffen hat. Einige zerbrechen daran, verlieren den (Lebens-)Mut und ergeben sich fatalistisch in ihr Schicksal. Andere wachsen geradezu mit ihrem und durch ihr Schicksal. So gibt es Menschen, die ihr Leben nach eigener Aussage erst richtig wertschätzen konnten, nachdem sie eine ernste Krankheit überwunden hatten. Der Radprofi Lance Armstrong hat beispielsweise einmal über sich selbst gesagt: *„Ohne meine Krebserkrankung hätte ich diesen sportlichen Ehrgeiz und meine Leistungsfähigkeit nie entwickeln können."*

Wie kommt es, dass einige Menschen durch Schicksalsschläge stärker werden und andere daran zerbrechen? Wir denken, es hat etwas mit der inneren Einstellung zu tun, mit der ein Mensch Problemen und schwierigen Situationen begegnet. Problembewusstsein und Problemlösungskompetenz sind – wenigstens zu einem Teil – erlernbar. In der Kindererziehung heißt es: *„Wer seinen Kindern alle Steine aus dem Weg räumt, verbaut ihnen mit diesen Steinen die Zukunft."*

Darin steckt sehr viel Wahrheit. Denn jeder muss lernen, seine Probleme selbst zu lösen und an ihnen zu wachsen. Die problemfreie Zone gibt es nicht! Je früher man damit beginnt, seine Probleme zu lösen, desto mehr Erfahrung bekommt man im Umgang mit ihnen. Es ist wirklich ein Lernprozess, der bewusst betrieben werden sollte.

Was die persönliche Wahrnehmung betrifft, so ist auch hier eine potenzialorientierte Sicht von Vorteil. Im Falle eines herben Schicksalsschlages kann man sagen: *„Jetzt hat mein Leben keinen Sinn mehr."* Das ist die defizitorientierte Sicht der Dinge. Man kann aber auch potenzialorientiert fragend an die Situation herangehen: *„Wie bekommt mein Leben wieder einen Sinn?"*

Spüren Sie den Unterschied? Die defizitorientierte Aussage ist sehr final, ohne Zukunftsperspektive – jetzt ist eben alles vorbei! Die potenzialorientierte Fragestellung richtet sich perspektivisch in die Zukunft: Was kann ich jetzt tun, damit mein Leben wieder einen Sinn bekommt?

> Frustration, Zorn und Trauer sind Zustände, die der Vergangenheit entstammen. Ihre positive Umkehr kann nur im Jetzt und in der Zukunft liegen, denn an der Vergangenheit ändern wir nichts.

Zukunft heißt Perspektive. Genau darum geht es. Sich immer wieder neue (realistische!) Perspektiven zu schaffen, die auch das Schlechte und den Frust perspektivisch vergessen lassen. Wir brauchen übrigens für eine positive Perspektive in der Zukunft unsere Emotionen auch im Hier und Jetzt.

Ein besonders einschneidendes Erlebnis, zum Beispiel der Tod eines geliebten Menschen, wird zur Vergangenheit. Die Trauer bleibt Bestandteil der Gegenwart, sie begleitet uns. Der aktive Umgang mit der Trauer hilft uns aber letztlich auch, die Zukunft zu gestalten. Den Tod zu verdrängen, die Emotionen zu unterdrücken ist grundsätzlich der falsche Weg.

Wir sagen übrigens nicht, dass das einfach ist. Es ist Arbeit. Nicht umsonst heißt die Bewältigung und der aktive Umgang mit Trauer und Abschied auch Trauerarbeit.

AUF DEN PUNKT GEBRACHT

Vergleich macht unzufrieden? Der Vergleich macht dann unzufrieden, wenn bei einer vergleichenden und bewertenden Betrachtung der Unterschied als Defizit erlebt wird. Wenn wir ein solches Defizit erleben, gibt es zwei Möglichkeiten des weiteren Umgangs damit: die Defizitorientierung oder die Potenzialorientierung – und das gilt sogar für wirklich existenzbedrohende Krisensituationen im Leben.

3.7 ZUFRIEDENHEIT IM WANDEL

Wie war das noch? Nichts ist so beständig wie der Wandel. Alles ist in Bewegung. Selbst die Balance, der Zustand des vermeintlichen In-sich-selbst-Ruhens, ist ein Resultat von Bewegung. Bewegen wir uns nicht aktiv, werden wir bewegt. Aus der aktiven Rolle kommen wir in die passive. Aktiv bedeutet: Ich handele. Passiv bedeutet: Ich werde behandelt, etwas passiert mit mir!

Wir können den Wandel, die Veränderung um uns herum nicht aufhalten. Wir können zwar in Grenzen versuchen, den Wandel zu beeinflussen, aber letztlich obliegt es uns lediglich, uns dem Wandel und der Veränderung zu stellen.

Zur Zeit der Finanzkrise erlebt die Welt einen gewaltigen Wandel. Es ist eine Veränderung, die in ihrem Ausmaß und der Geschwindigkeit kaum vorhersehbar war. Auch wenn viele sagen, es habe ja so kommen müssen: Aus unserer Sicht war diese Prognose unmöglich. Wie dem auch sei – es gilt, diese Veränderung, diese veränderten Rahmenbedingungen anzunehmen und sich der neuen Situation zu stellen.

Abgesehen davon, wie sehr Sie persönlich von dieser Krise betroffen sind oder waren, ist sie ein gutes schlechtes oder ein schlechtes gutes Beispiel dafür, dass wir uns alle der Veränderung dieser Welt stellen müssen.

> Veränderung ist eine Herausforderung und immer auch eine Chance. Eine Chance allerdings nur für diejenigen, die die Veränderung als positiven Prozess aufnehmen und die geänderten Umstände als neuen Rahmen für ihr persönliches Handeln akzeptieren.

3.7.1 Der Umgang mit sich ändernden Rahmenbedingungen

Kein Leben verläuft ohne Ecken und Kanten. Kein Leben läuft so, wie es geplant wurde. Oftmals sind es die Rahmenbedingungen, die uns dazu zwingen, einen geplanten Weg zu ändern oder ganz zu verlassen. Mit „Rahmenbedingungen" meinen wir hier die von außen wirkenden Faktoren, die unser Leben beeinflussen oder gar bestimmen. Im Grunde genommen finden wir diese Rahmenbedingungen in allen unseren Welten: der privaten, der beruflichen und natürlich der gesellschaftlichen Welt.

Wie in vielen anderen Situationen erfolgt auch unser Blick auf die Rahmenbedingungen oftmals durch die eher negative Brille. Will meinen: Sind die Rahmenbedingungen positiv und ermöglichen sie uns ein Leben, das unseren Planungen entspricht, empfinden wir das als normal. Wir machen uns kaum Gedanken und nehmen die Bedingungen so, wie sie sind. Ändern sich die Rahmenbedingungen jedoch aus unserer Sicht zum Negativen, fällt es auf und wir fühlen uns nicht mehr wohl.

Wir sind, wie wir gesehen haben, eingebettet in die unterschiedlichsten Systeme. Diese Systeme, die uns den Rahmen vorgeben, in dem wir uns bewegen können, sind niemals statisch, sondern immer einem kontinuierlichen Wandel unterworfen. Wie in allen Veränderungsprozessen ist die Vergangenheit das, was war und nicht mehr ist, und die Zukunft ist das, was noch nicht ist. Dazwischen liegt die Gegenwart, die es zu gestalten, gegebenenfalls anzupassen gilt. Das, was heute ist, ist die Realität, aus der heraus ich auf das Morgen schließen kann. Ich muss aus der heutigen Situation heraus die Zukunft antizipieren, nicht aus der Vergangenheit heraus.

Lassen Sie es uns deutlich machen:

In einem Veränderungsprozess realisieren Sie, dass die Rahmenbedingungen nicht mehr so sind wie früher. Folglich definieren Sie aus dem „Nicht mehr" das Ziel, das „Noch nicht". Zwischen diesem „Nicht mehr" und dem „Noch nicht" existiert ein Vakuum.

Je nach Veränderungsprozess ist dieses Vakuum durch einen Zeitabschnitt gekennzeichnet, der von sehr unterschiedlicher Dauer sein kann.

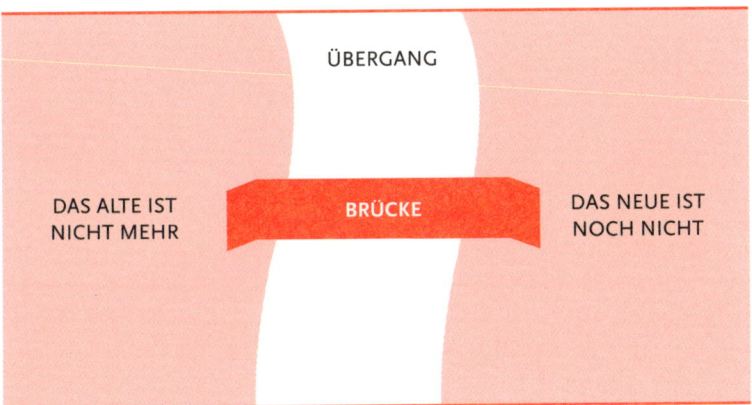

(In Anlehnung an Dr. Cornelia Knobling, ISB Wiesloch)

Die Zeit des Übergangs zwischen Vergangenheit und Zukunft wird oftmals schlicht und ergreifend zu kurz geplant – ein wesentlicher Grund für die Unzufriedenheit vieler Menschen.

Wie Sie mit sich ändernden Rahmenbedingungen umgehen, ohne ihre Zufriedenheit zu gefährden, möchten wir Ihnen anhand eines Problemlösemodells aufzeigen. Denn wenn Sie das Gefühl haben, dass sich die Rahmenbedingungen bestimmter Systeme, in denen Sie leben, zum Negativen geändert haben, entsteht daraus ein Problem, das gelöst werden muss.

Bevor Sie allerdings in die Problemanalyse einsteigen, ist erst einmal zu klären, ob Sie mit dem Problem, mit der Veränderung, die damit einhergeht, leben wollen und können oder ob es tatsächlich einer Änderung bedarf. Gemäß dem Kernsatz „Love it, change it, or leave it!" (vgl. Kapitel 3.2 über Motivation) ist zu überprüfen, wie stark Ihr persönlicher Leidensdruck beziehungsweise Handlungsbedarf eigentlich ist.

Ist er groß und sind Sie entschlossen zu handeln, beginnt die Analyse anhand des folgenden Problemlösemodells:

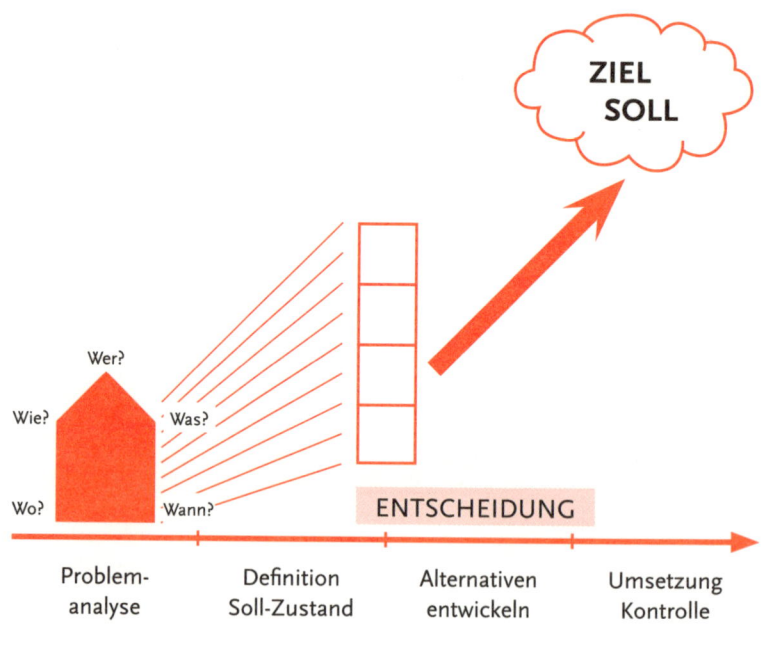

Problemlösemodell

1. Problemanalyse

Im ersten Schritt sollten Sie das Problem, den Ist-Zustand, definieren. Dies gelingt, wenn Sie für sich die folgenden Fragen beantworten:

- **Wer hat das Problem?**
  Da der Problemeigner die Verpflichtung hat, das Problem einer Lösung zuzuführen, muss geklärt werden, ob es sich bei dem Problem nur um Ihr eigenes handelt oder ob auch andere in gleicher oder ähnlicher Weise betroffen sind. Wenn allein Sie betroffen sind, sind Sie die- oder derjenige, die/der handeln muss. Wie fühlt sich das Problem für Sie und die anderen betroffenen Personen an? Wie hoch ist der Leidensdruck und der daraus resultierende Handlungsbedarf?

- **Was genau ist das Problem?**
  Beschreiben Sie das Problem möglichst exakt und sachlich. Je genauer Sie das Problem beschreiben, desto leichter wird es Ihnen fallen, einen Soll-Zustand abzuleiten.

- **Wie äußert sich das Problem?**
  Was sind die Auswirkungen? An welchen Zeichen können Sie das Problem festmachen? Woran haben Sie bemerkt, dass dieses Problem existiert? Versuchen Sie möglichst objektiv zu beschreiben, wie sich das Problem äußert. In welcher Welt, in welchem System ist das Problem entstanden und auf welche anderen Systeme hat es Auswirkungen?

- **Wann tritt das Problem auf?**
  In welchem zeitlichen Kontext tritt das Problem auf? Gibt es zeitliche Abhängigkeiten oder Regelmäßigkeiten?

- **Wo tritt das Problem auf?**
  Die örtliche Beschreibung des Problems. Auch hier bitte wieder möglichst konkret.

Auch wenn Sie einige dieser Fragen als redundant erachten oder sie möglicherweise gar nicht konkret beantworten können, so hilft diese Analyse doch, das Problem zu konkretisieren. Schlussendlich sollten Sie zu der Entscheidung kommen, ob es „nur" *ein* Problem oder tatsächlich *Ihr* Problem ist.

Wenn es Ihr Problem ist, wenn Sie die Ausgangssituation vor der Veränderung positiv empfunden haben und wenn Sie sich dazu entschlossen haben zu handeln, weil Sie mit dem Status quo nicht einverstanden sind, ist der nächste Schritt die Definition des Soll-Zustands.

2. Soll-Zustand

Anhand der Problemanalyse im ersten Schritt ist sicher deutlich geworden, wo das Problem liegt, und vor allem, wie es greifbar wird. Die strukturierte Problemanalyse soll dazu dienen, das Problem möglichst objektiv abzulichten und eine sehr emotionale Problemsicht zu verhindern. Letztere stünde einer konstruktiven Problemlösung nur im Wege.

Nun geht es darum, einen erreichbaren Soll-Zustand zu definieren. Dieser Soll-Zustand ist im Grunde ein Ziel, das – wie jedes Ziel – realistisch erreichbar sein muss. In diesem Schritt der Problemlösung werden keine Traumschlösser gebaut, keine Visionen formuliert, sondern es wird ein erreichbarer, wünschenswerter Zustand beschrieben, der das Problem löst. Folgende Fragen helfen, diesen gewünschten Zustand in allen Dimensionen möglichst konkret zu beschreiben:

- Was will ich erreichen?

- Wie gut soll es sein? (die Frage nach Qualitäten)

- Wie viel will ich erreichen? (die Frage nach Quantitäten)

- In welcher Zeit will/kann ich diesen Zustand erreichen?

Es ist wichtig, hier mit konkreten Zeitfenstern zu arbeiten. Ein Datum ist konkret – „so schnell wie möglich" sehr unkonkret!

Ist der Soll-Zustand definiert, sollte er noch einmal mit der Problemdefinition und -analyse abgeglichen werden. Je nach Problemstellung und Vielschichtigkeit des Problems mag es sinnvoll sein, über Alternativmodelle und unterschiedliche Szenarien nachzudenken, die ebenfalls zielführend sind.

3. Alternativen entwickeln – bewerten – entscheiden

Für viele Problemstellungen gibt es nicht nur eine Lösung, sondern mehrere. Diese verschiedenen Lösungsansätze gilt es erst einmal zu ermitteln und dann zu bewerten, um sich am Ende für den besten zu entscheiden. Was aber sind die Kriterien, anhand derer wir entscheiden können, welche Lösung für unser Problem die beste ist?

Bevor man sich Gedanken über alternative Lösungen macht, sollte man erst einmal festlegen, welche Kriterien zur Entscheidungsfindung wichtig sind.

Das können zum Beispiel Wirtschaftlichkeit, Sicherheit, Zeit, Praktikabilität usw. sein. Gelingt es dann noch, eine Priorisierung in diese Kriterien zu bringen, legt man eigentlich die Messlatte für alternative Lösungsansätze schon fest.

Im folgenden Schritt bewertet man dann die zur Verfügung stehenden und denkbaren Alternativen anhand eines Schulnotensystems. Ein Arbeitsblatt und die Schriftform „zwingen" geradezu dazu, möglichst objektiv zu bewerten.

4. Maßnahmenplan: Umsetzung und Kontrolle

Ist der Wunschzustand, das Ziel, tatsächlich erreichbar, ist dieser Zustand die Lösung des Problems und damit fixiert, folgt der nächste Schritt: die Umsetzung und Kontrolle.

Wie in jedem Zielsystem werden aus dem Ziel einzelne Maßnahmen abgeleitet, die es jeweils zu definieren, zu planen und zu terminieren gilt. Folgende Fragen erleichtern den Prozess:

- Was will ich tun? (die Definitionsfrage)

- Bis wann will ich es tun? (die Zeitfrage)

- Was brauche ich dafür? (die Ressourcenfrage)

- Wer kann mich unterstützen? (die Supportfrage)

- Wann und wie kontrolliere ich mich selbst? (die Kontrollfrage)

Auch wenn Sie jetzt möglicherweise den Eindruck haben, dass die beschriebene Vorgehensweise sehr formalistisch ist, so hilft sie doch dabei, sich selbst zu strukturieren und möglichst objektiv an eine Problemlösung heranzugehen.

Was aus unserer Sicht darüber hinaus sehr hilfreich sein kann, ist, einen anderen Menschen „einzuweihen", ihm das Problem und die angestrebte Lösung zu schildern und sich mit ihm zu vereinbarten Zeitpunkten beziehungsweise Meilensteinen über den Grad der Zielerreichung auszutauschen.

3.7.2   Der Perspektivenwechsel

Manchmal hilft aber auch ein Perspektivenwechsel. Also aus einer anderen als der eigenen Perspektive auf ein Problem oder den Grund für die eigene Unzufriedenheit zu schauen.

Es ist geradezu menschlich, den eigenen Problemen ein besonderes Gewicht, einen besonders hohen Stellenwert zu geben. Probleme sind also niemals objektiv, sondern immer subjektiv bewertet von der Person, die sie betreffen.

Sie kennen solche Situationen: Ein Freund, ein Bekannter schildert Ihnen seine Probleme, die aus seiner sehr individuellen Sicht betrachtet schwer wiegen. Unweigerlich vergleichen Sie diese Schilderung mit den Problemen, die Sie selbst haben. Was ist – in der Mehrzahl der Fälle – das Ergebnis? Äußerungen oder Gedanken wie: *„Deine Probleme möchte ich haben!"* Oder: *„Lass uns doch einfach tauschen, dann siehst du mal, was echte Probleme sind!"*

Derartige Aussagen sind also meist die Folge einer Problembewertung durch Dritte. Allerdings helfen sie dem Betroffenen nicht weiter, weil sie seine Probleme entwerten und ihm damit Geringschätzung zuteilwerden lassen.

Um wirklich zu helfen, muss man folglich die Perspektive desjenigen einnehmen, der das betreffende Problem hat, und ernsthaft versuchen, in seine Problemwelt einzusteigen. Die eigenen Probleme bleiben außen vor und werden bitte auch nicht beispielhaft eingesetzt, um am Ende über sie (statt über die Probleme des Betroffenen) zu reden.

Genauso, wie man gedanklich den Blickwinkel einer anderen Person einnehmen kann, um deren Probleme zu verstehen, kann man einen Perspektivenwechsel vornehmen, um die eigenen Probleme einmal von außen zu betrachten und dadurch zu objektivieren.

Das können zum Beispiel Probleme sein, die durch geänderte Rahmenbedingungen entstanden sind. Hier geht es nicht um Schönfärberei oder den Blick durch die rosarote Brille, sondern es geht darum, die Sichtweise auf die aktuelle veränderte Situation zu neutralisieren.

Auch in unserer Geschichte haben sich die Rahmenbedingungen für Claudia und Jürgen geändert. Ihre Lebensplanung – oder lassen Sie uns besser sagen: ihre Lebensvision – brach zusammen, weil sie die Messlatte für ihre

Zufriedenheit mit jeder Stufe, die sie erklommen, höher legten. Immer höher und weiter – das gelingt in der Realität aber nur in den wenigsten Fällen. Und weil es bei Claudia und Jürgen eben eines Tages nicht mehr weiter ging, ja, weil möglicherweise sogar Rückschritte anstanden, wuchs ihre Unzufriedenheit.

Von außen betrachtet, also im Sinne eines Perspektivenwechsels, hätte es ihnen eigentlich gut gehen müssen. Sie waren gesund, die Kinder waren gesund, sie lebten in einer guten Wohnsituation und so weiter. Trotzdem waren sie unglücklich. Hätten sie einmal versucht, ihre Situation von außen zu betrachten, wären sie vielleicht zu einer anderen Sicht der Dinge gelangt. Einen solchen Perspektivenwechsel haben sie aber nie vollzogen und so befanden sie sich in einer mentalen Negativschleife, in der sich jeder selbst, aber auch jeder den anderen, herunterzog.

> Die Kunst des Perspektivenwechsel besteht auch darin, Dinge eher positiv als negativ zu sehen.

Wir sind alle oftmals „Das Glas ist halb leer"-Denker. Auch wenn das Glas – positiv betrachtet – noch halb voll ist und wir eigentlich zufrieden damit sein könnten, dass noch etwas da ist: Unsere prospektive Sicht bringt uns dazu, intensiv darüber nachzudenken, was wohl passiert, wenn das Glas dann ganz leer ist. Und das verdirbt uns die Laune.

Woran liegt es, dass unsere Sichtweise oftmals nicht positiv oder wenigstens neutral ist, sondern negativ? Es ist doch tatsächlich so: Läuft alles gut und gibt es keine Probleme oder Abweichungen von der Norm, so empfinden wir das als normal. Es besteht, so meinen wir, weder Handlungs- noch Kommunikationsbedarf. Läuft es hingegen schlecht und gibt es Abweichungen vom Plan oder von der Norm, müssen wir reden. Dann besteht Handlungsdruck.

Das ist einer der Gründe, warum in Unternehmen und Organisationen viele Mitarbeitergespräche negativ gepolt sind. Läuft es gut, wird nicht geredet, geschweige denn gelobt. Gibt es Probleme, dann wird geredet: *„Frau XY, wir müssen dringend einmal miteinander reden!"* Nach dieser Einleitung ist klar, wie das Gespräch verlaufen wird!

Der Grund für diese pessimistische Sicht ist vielleicht ein gesellschaftliches Problem, dessen Ursprünge in unserem Schulsystem zu finden sind: Wir werden zu Fehlersuchern erzogen. Haben wir Fehler gefunden, wird darüber gesprochen.

Gehen Sie gedanklich einmal ein paar Jahre zurück und erinnern Sie sich an Ihr erstes Diktat in der Schule. Der Lehrer oder die Lehrerin diktierte 20 Wörter, die niedergeschrieben werden sollten. Was machte die Lehrerin / der Lehrer anschließend? Er oder sie begab sich auf Fehlersuche. Alle Fehler wurden mit rotem Stift kenntlich gemacht, und damit man sie auch bestimmt nicht übersah, wurde am Rand noch einmal auf den Fehler aufmerksam gemacht. Am Ende wurden die Fehler dann noch addiert. Wie ging es weiter? Zu Hause wurde das Diktat dann von den Eltern analysiert. Und worüber sprach man? Natürlich über die Fehler und die zukünftige Fehlervermeidung.

Die Perspektive könnte aber auch eine andere sein. Stellen Sie sich vor, es wären nicht die Fehler rot markiert worden, sondern alle richtig geschriebenen Wörter wären mit einem grünen Haken versehen worden. Unter dem Diktat hätte gestanden: *„18 Wörter richtig!"* Diese Herangehensweise hätte auch die elterliche Folgekommunikation verändert. Man hätte vielleicht initial über die richtigen Wörter gesprochen und wäre erst dann in die Fehlervermeidung eingestiegen. Aber keinesfalls hätten die Fehler so im Vordergrund gestanden.

Ähnliches finden Sie in der Beziehungskommunikation. Unseren Kindern sagen wir immer wieder, was sie aus unserer Sicht alles falsch machen. Das, was sie gut und richtig machen, nehmen wir als selbstverständlich zur Kenntnis, ohne es zu würdigen. Auch in der Partnerschaft finden wir dieses Syndrom: Was uns an unserem Partner gefällt, ist nicht der Rede wert. Über das aber, was uns nicht gefällt – insbesondere bei Veränderungen –, wird intensiv geredet.

So thematisieren wir oft das Negative, ohne das Positive zu sehen. Erzählen Sie Freunden oder Bekannten von einem guten Erlebnis, wird nicht lange hingehört. Können Sie aber von kleinen und großen Katastrophen berichten, hören Ihnen alle zu und fragen sogar nach.

Das mag zugegebenermaßen alles ein wenig überspitzt dargestellt sein, im Kern möchten wir Sie aber auffordern, auch einmal intensiver auf all die positiven Dinge zu schauen, die um Sie herum geschehen.

> Überraschen Sie Ihr Umfeld, indem Sie mehr positives Feedback geben. Versuchen Sie verstärkt, in Dingen, Projekten, Tätigkeiten und Menschen auch das Positive zu sehen. Es ist da und muss nur entdeckt werden.

Reden Sie nicht darüber, was nicht geht und warum, denken Sie lösungsorientiert und nicht problemorientiert und sehen Sie, wo es eben geht, ein Problem als Herausforderung an. Schlussendlich ist es so, dass derjenige, der der Welt positiv gegenübersteht, der positive Energie verbreitet, von seiner Umwelt auch positiv erlebt wird.

Apropos Energie: Kennen Sie Energievampire? Energievampire sind Menschen, die eine negative Aura verbreiten. Dort, wo sie auftauchen, herrscht schlechte Stimmung. Wie schwarze Löcher saugen sie die positive Energie aus ihrem Umfeld heraus. Ursache dafür ist aber nichts Körperliches – auch wenn man diesen Menschen manchmal ansieht, dass sie zur Gattung der Energievampire gehören –, sondern vielmehr ein ganz bestimmtes Kommunikationsverhalten.

Kennzeichnend für sie ist, dass sie der festen Meinung sind, früher sei ohnehin alles besser gewesen und die Zukunft biete nur Schlechtes. Sie leben nach dem Motto „Jetzt ist alles schlecht", ohne selbst konstruktive Lösungsansätze zu entwickeln.

Energievampire leben und denken in Problemen, sie negieren alles und missgönnen anderen ihren Erfolg. Der Umgang mit Energievampiren ist ausgesprochen schwierig. Sie können sie nicht ändern. Es nützt auch nichts, ihnen aufzuzeigen, dass es ihnen doch gut geht: Energievampire werden Ihnen zu beweisen versuchen, dass sie recht haben. Gehen Sie Ihnen daher am besten aus dem Weg und lassen Sie sich nicht Ihrer positiven Energie berauben.

Ein Letztes noch zum Perspektivenwechsel: Niemandem wird es gelingen, in allem, was er anfasst, erfolgreich zu sein. Jeder hat seine Baustellen im Leben – seien es berufliche oder private –, auf denen nicht immer alles gelingt.

Um mit solchen Rückschlägen gut umzugehen und sich dadurch nicht niederdrücken zu lassen, ist es wichtig, die Perspektive auf die Bereiche zu lenken, in denen Erfolge möglich, wahrscheinlich oder schon eingetreten sind. Das heißt nicht, dass man Misserfolge völlig ausblendet oder gar ungeschehen zu machen versucht. Es ist aber durchaus möglich, sich eine Kompensationsebene zu schaffen, die Misserfolge abpuffert und ihnen die übermächtige negative Energie nimmt.

> Es wird sie immer geben, die Sonnenseiten und die Schattenseiten des Lebens. Sonnenseite ist gut, Schattenseite ist schlecht. So lautet unser Denkmodell. Manchmal muss man aber auch umbewerten. An einem heißen Sommertag ist es auch mal ganz schön, im Schatten zu sitzen. Es kommt halt auf die Perspektive an!

EXKURS: ZUFRIEDENHEIT IN DER KRISE

Zufriedenheit und Krise – ein Widerspruch?

Deutschland und viele Länder dieser Welt befinden sich im Jahr 2009 in einer Krise. Aus aktuellem Anlass möchten wir diese besondere Situation einmal im Hinblick auf Zufriedenheit betrachten.

Nicht, dass wir als Nicht-Volkswirtschaftler und damit eigentliche Laien die gesamtwirtschaftliche Situation und die Gründe, die zu dieser Krise geführt haben, bewerten möchten oder gar Auswege aus dieser Krise aufzeigen können. Nein, das können wir nicht, wir möchten in der aktuellen Krise den Bezug zur Zufriedenheit herstellen.

Interessant zu beobachten ist, wie in den Medien über die Krise berichtet wird. Für die einen handelt es sich um eine kurzfristige Finanzkrise, für die anderen um eine globale Wirtschaftskrise. Natürlich prägt uns das als Leser, Zuhörer und Zuseher. Unser Empfinden, unsere Sicht der Dinge wird dadurch nachhaltig beeinflusst. Selbst wenn es einem selbst gut geht, so kommt man doch nicht umhin, sich im Kontext der Krisensituation über die eigene Zukunft Gedanken zu machen. Unsicherheiten und Ängste werden geschürt; das, was gestern sicher erschien, betrachtet man heute im Licht der Unsicherheit.

Die Krise – ein Produkt des „Schneller-höher-weiter-Syndroms"

Laienhaft betrachtet ist diese Krise ein Produkt des „Schneller-höher-weiter-Syndroms". Immer mehr Menschen und Organisationen möchten immer mehr an bestimmten Anlagen verdienen. Anlagen und Investitionen werden mehr oder weniger bewusst überbewertet, um sie dann entsprechend zu beleihen. Damit möglichst viele partizipieren können, werden diese Kredite, natürlich ohne neuerliche Bewertung der Anlage, fröhlich und profitabel weiterverkauft.

Das alles geht so lange gut, wie der Schuldendienst geleistet werden kann. Kommt es zu einem Notverkauf der Anlage, ist die Katastrophe perfekt. Der Erlös steht in keinem Verhältnis zu den Summen, die als Schuldenlast mittlerweile aufgelaufen sind. Folglich machen die, die an diesem System beteiligt sind, enorme Verluste.

Das ewige Streben nach „Mehr" ist also einer der Gründe für diese Krise. Stillstand ist Rückschritt! Ein Nullwachstum – welch schönes Wort! – ist schon eine Krise! Ein sinkendes Bruttosozialprodukt eine Katastrophe!

Wir glauben, wir alle müssen uns daran gewöhnen, dass es – genau wie bei Jürgen und Claudia in unserer Geschichte – ein stetiges Wachstum nicht geben kann. Alles, was heute ist, muss morgen nicht zwangsläufig mehr und besser sein. Alles hat seine Grenzen und vielleicht sind unsere wirtschaftlichen Grenzen im Hier und Jetzt gerade erreicht.

Interessant zu beobachten ist, dass gerade jetzt, in der aktuellen Krisensituation, die ersten zarten Stimmen laut werden und sagen: *„Das konnte so ja nicht weitergehen!"* Oder: *„Das war doch absehbar!"* Oder noch besser: *„Das habe ich kommen sehen!"* Schön und gut, schade nur, dass sie es nicht lauter gesagt haben. Oder wollten wir es nur nicht hören? Wollten wir es nicht hören, weil wir exakt dem gleichen Irrglauben erliegen, dass immer alles besser werden muss? Vielleicht wollen wir einfach nicht wahrhaben, dass die Grenzen unseres Wohlstands erreicht sind und dass wir uns mit dem, was wir haben, bescheiden müssen – oder möglicherweise sogar mit weniger als dem, was wir heute haben.

Unter alldem leidet die Zufriedenheit. Sowohl die individuelle als auch die kollektive. Die Volkszufriedenheit sinkt, das belegen eindeutig die unterschiedlichsten Indizes, die messen, wie zufrieden ein Volk ist. Die individuelle Zufriedenheit leidet, wenn Ziele, die definiert sind, nicht mehr realistisch erscheinen oder gar utopisch geworden sind. Und da sind wir wieder: bei Zielen und deren Realität.

Der Krise Positives abgewinnen

Neben all den Besserwissern, die meinen, alles schon vorhergesehen zu haben, gibt es auch einige Menschen, die dieser Krise etwas durchaus Positives abgewinnen können. Sie sagen, dass es durch diese geänderte Situation zu einer Neubewertung von Werten und Normen kommen wird. Wir werden uns vielleicht von der Vorstellung unbegrenzten Wachstums verabschieden, und diese Erkenntnis führt uns hoffentlich zu einer Überprüfung unserer Ziele. Unsere Regierungen müssen die Wachstumsziele überprüfen und gegebenenfalls korrigieren und wir als Individuen müssen unsere Ziele unter geänderten Rahmenbedingungen überdenken und unter Umständen ebenfalls korrigieren.

Es wäre zu hoffen, dass all das, was passiert ist oder noch passieren wird, uns alle dazu bringt, wieder sehr realistisch zu planen und demnach realistische Ziele zu definieren. Die eigene Zufriedenheit entsteht durch das Erreichen der Ziele, Werte und Normen, die man für sich selbst definiert hat, und nicht durch das Erreichen von Zielen, die andere gesetzt haben. Ziele können nicht nur geändert werden, sondern bisweilen muss man sie anpassen, sie auf geänderte Rahmenbedingungen zuschneiden.

Rückbesinnung auf das Wesentliche

Bei der Bewältigung von Krisen kommt es oft zu einer gravierenden Werteverschiebung. Das, was bis vor kurzem höchste Priorität hatte, verliert vollkommen seine Wichtigkeit, und das, was bis dato eine Selbstverständlichkeit war, bekommt eine enorme Bedeutung:

Für einen Menschen, der sein Geld mit Anlagen und Börsenspekulationen verdient, hat die Kursentwicklung seiner Anlagen höchste Priorität. Die Befriedigung seiner Grundbedürfnisse ist eine Selbstverständlichkeit. Gerät dieser Mensch als Schiffbrüchiger auf eine einsame Insel, verändern sich sein Wertesystem und seine Bedürfnisstruktur. Die Börsenentwicklung verliert komplett ihre Bedeutung. Das Oberziel heißt „Überleben". Aus diesem Oberziel entwickeln sich die Tagesziele, die ausschließlich grundbedürfnisorientiert sind.

Die selbst gepflückte Mango, der selbst gefangene Fisch und das aus eigener Kraft entfachte Feuer sind plötzlich die Dinge von großer Bedeutung. Wird er gerettet, kommt er zurück in seine Zivilisation, ist er wieder in seinem alten Werte- und Bedürfnissystem.

Nicht, dass wir jetzt alle Schiffbrüchige unserer Wirtschaftssysteme werden, aber vielleicht gelingt es uns, uns durch eine solch schwierige Zeit auf das zu besinnen, was wichtig ist und was uns eventuell die letzten Jahre über all zu selbstverständlich erschien: auf emotionale, ethische und kulturelle Werte. Denn, Zufriedenheit ist kein ausschließliches Produkt materiellen Wohlstands, sondern Zufriedenheit erlangen wir dann, wenn wir mit uns und unserer Umwelt in Einklang sind.

3.7.3 Lebensphasen und ihr Einfluss auf die Zufriedenheit

Unser Leben setzt sich aus unterschiedlichen Phasen zusammen. Diese Phasen durchleben wir unweigerlich, und jeder dieser Lebensabschnitte stellt uns vor neue Herausforderungen.

Die Lebensuhr ist Hippokrates zufolge in sieben Lebensabschnitte eingeteilt. Das sind:

- Wachsen und Lernen
- Erwartungen
- Verwirklichung
- Ernüchterung
- Einverständnis
- Bescheidung
- Loslassen

Diese sieben Abschnitte lassen sich unserer Ansicht nach wiederum zu folgenden vier Lebensphasen zusammenfassen:

- Lernen
- Kämpfen
- Weisewerden
- Bescheiden

Bildlich dargestellt sehen Sie diese Lebensuhr in der Abbildung auf der folgenden Seite.

Die Primzahl Sieben steht in der mittelalterlichen Zahlensymbolik für die Gnade beziehungsweise für Ruhe und Frieden. Sie ergibt sich aus der Zahl Drei, Symbol für Gott und Dreifaltigkeit, und der Vier, Symbol für die Welt, die vier Himmelsrichtungen und die vier Elemente. Somit steht die Sieben in der Mythologie auch für den Menschen mit Leib und Seele.

Die Sieben ist eine geradezu magische Zahl und taucht in vielen Geschichten, Sagen und Mythologien auf. Es sind die sieben Zwerge hinter den sieben Bergen, es gibt sieben Weltwunder und die Welt wurde in sieben Tagen erschaffen. Natürlich hat die Woche sieben Tage und man spricht von sieben fetten und sieben mageren Jahren. Selbst Sindbad musste seine Abenteuer auf sieben Reisen bestehen.

Da liegt es doch nahe, auch das Leben in sieben Abschnitte und vier Phasen einzuteilen.

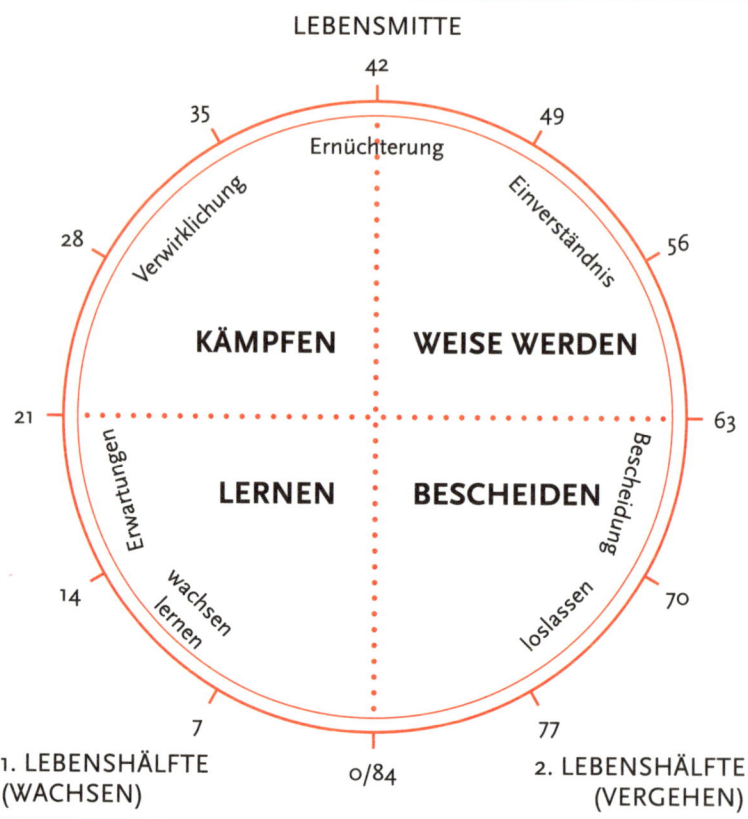

LEBENSMITTE
42
35   Ernüchterung   49

Verwirklichung   Einverständnis

28   56

KÄMPFEN   **WEISE WERDEN**

21   63

Erwartungen   Bescheidung

LERNEN   **BESCHEIDEN**

14   70

wachsen lernen   loslassen

7   77

1. LEBENSHÄLFTE (WACHSEN)   0/84   2. LEBENSHÄLFTE (VERGEHEN)

Die Lebensuhr

1. Lebensphase: Das Lernen

Im Alter von null bis 21 Jahren wachsen und lernen wir. In diesem Quartal werden wichtige Lebensgrundlagen gebildet. Wir erhalten entscheidende Prägungen für unser Leben und es entstehen Werte und Normen. Grundlegende Verhaltensmuster werden angelegt und trainiert. Die Erziehung und das schulische Lernen prägen uns für das spätere Leben.

In dieser Phase erleben wir – der eine mehr, der andere weniger – unsere erste Lebenskrise, die Pubertät. Dieser Übergang vom Kind zum Erwachsenen ist im Grunde genommen auch der Übergang zur Selbstverantwortung. Die Eltern müssen loslassen und das Kind in die Selbstverantwortung entlassen. Am Ende dieses Quartals werden viele Erwartungen und Wünsche an das Leben und die eigene Person gestellt. Oftmals werden hier auch die ersten Lebensziele definiert und die Weichen für die zukünftige Professionswelt gestellt.

2. Lebensphase: Das Kämpfen

Auch wenn es ein wenig martialisch klingt: In diesem Lebensabschnitt, zwischen 22 und 42 Jahren, wird gekämpft. Er beginnt mit vielen Erwartungen, die im ersten Lebensabschnitt formuliert worden sind. Nun geht es darum, die Erwartungen zu Realitäten werden zu lassen.

Grundsätzlich sind wir in diesem Teil des Lebens besonders leistungsfähig und willens, für die Verwirklichung der eigenen Ziele zu kämpfen. In dieser Zeit findet auch die tiefe Verwurzelung in Partnerschaft, Familie, Beruf und Freundeskreis statt. Am Ende dieser Entwicklungsphase erreichen wir unsere Lebensmitte, in der die erreichten Lebensumstände und Lebensziele oftmals auf den Prüfstand gestellt werden. Der Abgleich der tatsächlichen Gegebenheiten mit den ursprünglichen Lebensbildern ist für viele Menschen der Schlüssel zur Zufriedenheit und gleichzeitig der Übergang vom Wachstums- in den Reifeprozess.

3. Lebensphase: Das Weisewerden

Für viele Menschen beginnt das dritte Lebensquartal mit der Ernüchterung, dass nicht alles, was man sich gewünscht und erhofft hat, auch tatsächlich eingetreten ist.

Im Alter zwischen 43 und 63 Jahren werden Lebensziele und Lebenskonzepte korrigiert und – hoffentlich – zum inneren Einverständnis gebracht. Diese Phase ist eine Zeit des Resümees, der Reflexion und des „Weisewerdens". In dieser Zeit beginnen wir das zu ernten, was wir in den Lebensabschnitten zuvor gesät und bearbeitet haben. Für viele ist es auch die Zeit des Zurücklehnens und der Entspannung.

4. Lebensphase: Das Bescheiden

Das vierte Lebensquartal, das mit 64 Jahren beginnt, ist die Zeit des inneren Reichtums durch Ernte und Beschaulichkeit. Die Endlichkeit des Lebens wird deutlich und man wird bescheidener. Prioritäten verschieben sich nun sehr deutlich. Die Gesundheit wird zum höchsten Gut. Wir lernen Zug um Zug loszulassen und geben möglicherweise als Großeltern unsere Lebenserfahrungen an unsere Enkel weiter.

In allen vier Lebensphasen vollziehen sich umfassende Veränderungsprozesse. Einige dieser Veränderungen erleben wir voller Begeisterung und hoch motiviert, andere empfinden wir als Niederlagen und Krisen.

Jede dieser Phasen, die jeder Mensch, was das eigene Bewusstsein betrifft, sehr individuell erlebt, hat etwas Besonderes, das es zu akzeptieren gilt. Niemand kann sich diesen Lebensabschnitten widersetzen. Sehen Sie es als eine Einladung. Eine Einladung, den Lebenszyklus bewusst zu gestalten und zu durchlaufen.

> Mit seinem Leben zufrieden zu sein, hat sehr viel mit Akzeptanz zu tun. Man muss die einzelnen Lebensabschnitte akzeptieren. Man muss akzeptieren, dass jede Phase ihre typischen Herausforderungen und ihre geradezu vorprogrammierten Krisen hat.

Man muss akzeptieren, dass die Leistungsfähigkeit im Laufe des Lebens abnimmt, dass Krankheiten und „Zipperlein" zunehmen und unser Leben endlich ist.

Akzeptieren heißt aber nicht, in tiefen Fatalismus zu verfallen! Sie sind zu jeder Zeit für Ihr Leben selbst verantwortlich und es liegt an Ihnen, was Sie aus jedem dieser spannenden Lebensabschnitte, die Sie unweigerlich durchlaufen, machen!

3.7.4 Übergänge gestalten

Wandel und Veränderung bedeutet Übergang. Einen Übergang aus der Vergangenheit in die Zukunft. Oder einen Übergang aus der Herkunft in die Zukunft. Betrachten wir das „Woher", bewerten wir es, indem wir konstatieren, dass es entweder gut oder schlecht war. In die Zukunft betrachtet liegt es nun an uns, das „Wohin" zu antizipieren.

Wir können optimistisch oder pessimistisch an unsere Zukunft herangehen – ganz unabhängig davon, ob unsere Vergangenheit positiv oder negativ war. Optimistisch potenzialorientiert gedacht, kann es noch oder wieder besser werden. Aus dem pessimistisch defizitorientierten Blickwinkel betrachtet, kann alles natürlich auch wieder schlechter oder sogar noch schlechter werden. Es erübrigt sich zu beschreiben, bei welcher Denkstruktur ein Mensch positiv gestimmt in seine Zukunft blickt!

WOHER?

War sehr gut!

War (sehr) schlecht!

WOHIN?

Es wird (noch) besser!
Es wird (wieder) schlechter!
Es wird (wieder) besser!
Es wird (noch) schlechter!

Von der Herkunft zur Zukunft

Veränderungen erleben wir entweder positiv oder negativ. In beiden Dimensionen wird Stress ausgelöst. Bei positiv gefühltem Wandel ist es Eustress, bei negativem der Disstress.

PASSIV
(DISSTRESS)

Veränderungen von außen
„tun weh"

Entscheidungen werden
getroffen

Leidensdruck

VERHARREND

AKTIV
(EUSTRESS)

Veränderungen von innen
„lustvoll"

Entscheidungen selbst treffen

Ziele und Wünsche

GESTALTEND

Welche Veränderungen erleben wir positiv und welche negativ?

Leidensdruck, Disstress, entsteht durch passiv verharrendes Verhalten. Dies wird ausgelöst durch Veränderungen, die von außen kommen: Nicht man selbst trifft die Entscheidungen, sondern es werden Entscheidungen getroffen.

Positiver Stress, Eustress, hingegen entsteht bei aktiv gestaltendem Verhalten. Veränderungen werden von innen, also durch eigene Entscheidungen angestoßen. Die selbst getroffenen Entscheidungen dienen eigenen Zielen und Wünschen und sollen diese in die Realität überführen.

Im Grunde genommen ist es so, dass man sein Umfeld umso mehr dazu einlädt, Entscheidungen über den eigenen Kopf, die eigenen Ziele und Wünsche hinweg zu treffen, je mehr man in seiner Situation verharrt und passiv abwartet.

Veränderung bedeutet – wie gesagt – Übergang. Übergang aus dem, was nicht mehr ist, zu dem, was noch nicht ist. Also Übergang vom Alten zum Neuen.

Wir haben in unserer Beraterpraxis viele Veränderungsprozesse in Unternehmen begleitet und sind dabei auf ein weit verbreitetes Phänomen gestoßen: Viele Menschen glauben, dass in einem Veränderungsprozess zwischen dem Neuen und dem Alten kein Zeitversatz existiert. Sie glauben also, der Change-Prozess sei damit getan, dass wir das Alte loslassen und sofort das Neue haben.

Wie wir aber schon in Kapitel 3.7.1 über den Umgang mit sich ändernden Rahmenbedingungen gesehen haben, ist das falsch!

Es ist typisch für Change-Prozesse, dass der Zeitraum des Übergangs zwischen Altem und Neuem Tage, Wochen, Monate und gar Jahre dauern kann.

Beispiel

Ein Beispiel aus unserer Beraterpraxis: Ein Unternehmen hatte im Rahmen eines Umstrukturierungsprozesses Funktionen, Kompetenzen und Ablaufstrukturen neu organisiert. Demzufolge gab es natürlich auch ein neues Organigramm zum Stichtag X.

Ungefähr ein Jahr nach der Umstrukturierung wurde von uns eine Mitarbeiterbefragung durchgeführt. Das Ziel war zu eruieren, inwieweit die neue Struktur gelebt wurde, wie sie funktionierte und wo zum Beispiel Umsetzungsbarrieren existierten.

Das Ergebnis war ernüchternd: Die neue Struktur wurde nur teilweise wirklich gelebt, und insbesondere bei Problemen fiel man immer noch in die alte Struktur zurück – denn, und so war es tatsächlich, sie hatte ja jahrelang funktioniert. Weil die Mitarbeiter die alte Struktur noch nicht losgelassen hatten, konnte die neue noch nicht greifen!

Um den Übergang über die Brücke zwischen Alt und Neu möglichst kurz zu halten, muss man sich bewusst vom Alten verabschieden. Dieser Abschied bedeutet die Begrüßung des Neuen.

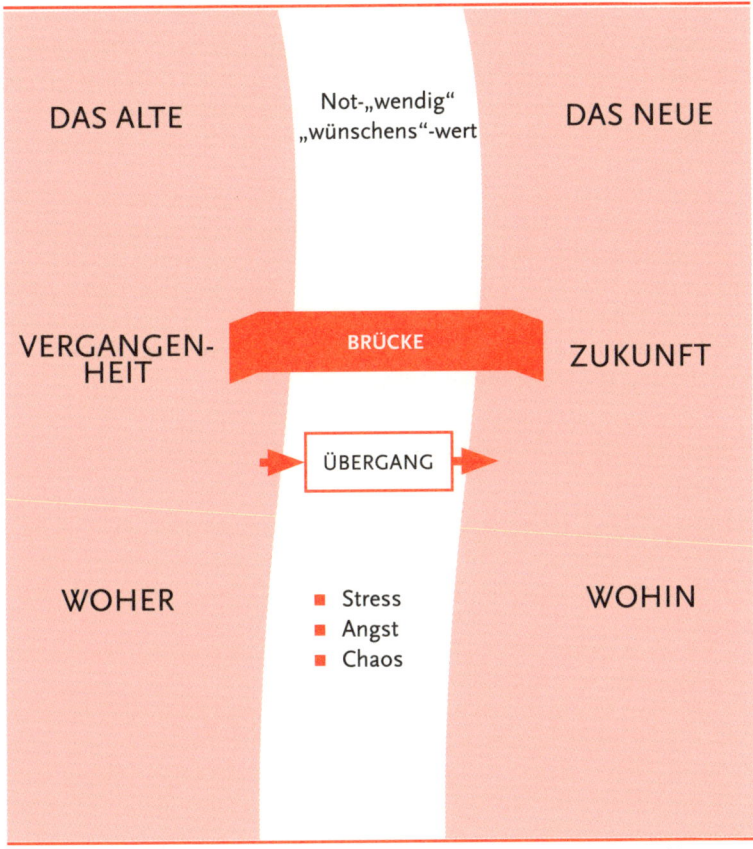

Übergang zwischen Alt und Neu (in Anlehnung an Dr. Cornelia Knobling, ISB Wiesloch)

Die Brücke von Alt nach Neu beschreiten wir allerdings nicht immer freiwillig.

Freiwillig machen wir uns dann auf den Weg, wenn der Auslöser für die Veränderung etwas Wünschenswertes oder Gewünschtes ist. Wir haben einen Wunsch, einen Traum oder ein Ziel und sind daher bereit, das Bestehende aufzugeben und neue Wege zu gehen. Das kann zum Beispiel eine neue Wohnsituation, ein neuer Arbeitsplatz, eine neue Partnerschaft oder ein bewusst eingeläuteter neuer Lebensabschnitt sein. Wir machen uns also freiwillig und aus eigenen Stücken auf den Weg, lassen die Vergangenheit zurück und stellen uns dem Neuen.

Ein anderer Auslöser für einen Übergang von Alt nach Neu ist Notwendigkeit. Hier zwingt uns die *Not, wendig* zu sein in unseren Gedanken und in unserem Handeln. Die Entscheidung, das Alte loszulassen, haben wir in diesem Fall nicht freiwillig getroffen, sondern sie entstammt einer Notsituation, einer Krise.

Solche Situationen des Übergangs, die aus einer äußeren Notwendigkeit heraus entstehen, sind geprägt von Unsicherheit, Angst, negativem Stress und Instabilität. Wir erleben sie in keiner Weise als angenehm, sondern als anstrengend, Furcht einflößend und mühsam. Ein großer Fehler wäre es hier, sich nicht frühzeitig genug auf den notwendigen Weg zu machen und das Alte loszulassen, sondern sich „aussitzenderweise" gegen den Wandel, die Veränderung, den Übergang zu stellen.

Bleibt man sitzen, verliert man das Alte, ohne das Neue zu gewinnen.

Auch erzwungene Übergänge, also durch äußere Umstände notwendig gewordene Übergänge, müssen gestaltet werden. In Krisensituationen sind die auf der gegenüberliegenden Seite zusammengestellten Schritte zu berücksichtigen.

Sie sehen daran: Selbst einen solchen von außen erzwungenen Prozess des Übergangs kann und sollte man planen!

Wenn wir uns in unbekanntem Gelände auf eine Wanderung begeben wollen, dann ist es für uns eine Selbstverständlichkeit, zuvor anhand einer Karte den Weg zu planen. In der heutigen Zeit steht uns sogar nicht nur eine gute Wanderkarte zur Verfügung, sondern auch noch der mobile GPS-Empfänger.

Wir gehen erst los, wenn wir wissen, wohin wir wollen und wie lang und beschwerlich der Weg dorthin ist. Warum also sollte man in einem Veränderungsprozess auf Planung verzichten und den Weg ohne Karte (oder GPS-Empfänger) beginnen?

Um im Bild des Wanderers zu bleiben: Wer schnell und effizient ein Ziel erreichen möchte, sollte möglichst wenig und nur das Notwendigste mitnehmen. Ballast behindert!

UMGANG MIT KRISENSITUATIONEN

1. Schritt: Wertschätzung des alten Zustands
- Was schätzen wir am alten Zustand?
- Wer war an der Erreichung des alten Zustands beteiligt?
- Was hat die Erreichung möglich gemacht?
- Wie können wir das Erreichte würdigen?

2. Schritt: Klärung – was wollen wir mitnehmen, was loslassen?
- Was ist uns wichtig und wertvoll?
- Was wollen wir in das Neue mitnehmen?
- Was können wir ins Neue mitnehmen?
- Was wollen wir bewusst zurücklassen?

3. Schritt: Wunsch- und Zielbild des neuen Zustands formulieren
- Wie soll das Neue aussehen?
- Was ist uns besonders wichtig?
- Worauf müssen wir besonders achten?
- Wann soll der neue Zustand erreicht sein?

4. Schritt: Bewusster Umgang mit Emotionen
- Welche Gefühle begleiten uns?
- Wie können wir konstruktiv mit Ängsten umgehen?
- Wie erlangen wir (wieder) Mut, Zuversicht und Energie?
- Wie können wir Struktur und innere Ordnung wiederherstellen?

5. Schritt: Planen des Weges
- Welche Schritte sind erforderlich?
- Was brauchen wir für diese Schritte?
- Wie können wir das Neue umsetzen?
- Was kann die Umsetzung behindern?

6. Schritt: Handlungsebene
- Welche Chancen ergeben sich?
- Welche Risiken bestehen?
- Wer kann uns unterstützen?
- Wer könnte uns behindern?

6. SCHRITT
Handlungsebene
- gehen
- machen

5. SCHRITT
Planung des Weges

4. SCHRITT
**Bewusster Umgang
mit Emotionen**

3. SCHRITT
**Wunsch- und Ziel-
bild des neuen
Zustands**

2. SCHRITT
Klärung
- Was wollen wir mitnehmen?
- Was wollen wir loslassen?

1. SCHRITT
**Wertschätzung des
alten Zustands**

AUF DEN PUNKT GEBRACHT

Der Wandel begleitet uns ein Leben lang. Sei es in Bezug auf die eigene Entwicklung im Laufe des Lebens oder basierend auf Veränderungen von Rahmenbedingungen im familiären, beruflichen oder gesellschaftlichen Umfeld. Zur Gestaltung des Wandels sind dessen Kenntnis und Reflexion und die Akzeptanz der Umstände notwendig. Eine strukturierte Vorgehensweise und der Einsatz entsprechender Instrumente helfen in diesen Prozessen.

Arbeitsblatt 27: Wie analysiere ich ein Problem?
Bei einer zielorientierten Problemanalyse mit den typischen Detektivfragen – wer, was, wie, wann, wo – unterstützt Sie dieses Arbeitsblatt.

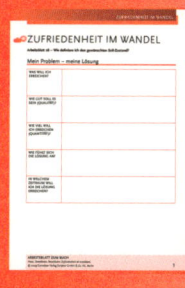

Arbeitsblatt 28: Wie definiere ich den gewünschten Soll-Zustand?
Zur zielorientierten, effektiven Problemlösung gehört auch die Definition des angestrebten Soll-Zustands. Angeleitet durch die Fragen auf diesem Arbeitsblatt können Sie mit Leichtigkeit Ihren Soll-Zustand entwickeln.

Arbeitsblatt 29: Wie definiere ich den gewünschten Soll-Zustand mit der VAKOG-Methode?
Eine alternative Variante zur Definition des Soll-Zustands bietet die VAKOG-Methode. Dabei unterstützt Sie dieses Arbeitsblatt.

Arbeitsblatt 30: Wie entwickle und bewerte ich Alternativen?

Alternativen zur Erreichung des Soll-Zustands zu entwickeln, ist für die Umsetzung von Bedeutung. Noch wichtiger ist es, die richtige Entscheidung zu treffen, welchen Weg man einschlägt. Dieses Arbeitsblatt unterstützt Sie dabei, die einzelnen Alternativen nach festgelegten Kriterien zu bewerten und so eine Entscheidungsbasis zu entwickeln.

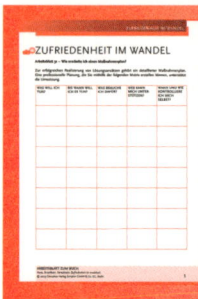

Arbeitsblatt 31: Wie erarbeite ich einen Maßnahmenplan?

Zur erfolgreichen Realisierung von Lösungsansätzen gehört ein detaillierter Maßnahmenplan. Eine professionelle Planung, die Sie mithilfe dieses Arbeitsblatts erstellen können, unterstützt die Umsetzung.

4   ALLES WIRD GUT!

„Jedes Mal, wenn ein Mensch lacht, fügt er seinem Leben ein paar Tage hinzu!"
– Curzio Malaparte

Alles wird gut! Was für ein Abschluss! Besser gesagt, wir hoffen, alles wird gut.

Aber wie wird es bei Claudia und Jürgen wieder gut? Den beiden geht es ja wirklich nicht mehr gut und nun stellt sich die Frage, wie sie es schaffen, dass sich alles wieder zum Besseren wendet.

Nur zur Erinnerung: Claudias und Jürgens Leben war geprägt von ewigem Streben nach Mehr und sie haben immer versucht, auch das Unplanbare planbar zu machen. Sie mussten jedoch erkennen, dass ihr Leben von sehr vielen nicht oder nur wenig beeinflussbaren Faktoren abhängt, die weder zu planen noch exakt vorherzusehen sind.

Ihre Lebensziele waren zu Beginn ihrer Partnerschaft – vorsichtig ausgedrückt – hoch ambitioniert. Da sich die Rahmenbedingungen ihres Lebens im Laufe der Jahre aber gravierend geändert hatten, hätten sie auch ihre Ziele korrigieren müssen. Haben sie aber nicht. Und deshalb wurden die ambitionierten Ziele zu utopischen Zielen.

Claudia war unzufrieden, weil sie allein für ihre drei Kinder sorgen musste und an eine Berufstätigkeit nicht mehr zu denken war. Auch Jürgen geriet im Beruf zunehmend unter Druck. Und dann kam auch noch die Finanzkrise mit all ihren faktischen und mentalen Auswirkungen hinzu.

Das Wesentliche war aber, dass Claudia und Jürgen den Spaß, die Freude verloren hatten. Jetzt können Sie fragen: Hatten die beiden zuerst den Spaß verloren und gerieten sie dadurch unter Druck, oder hatten sie durch zunehmenden Druck den Spaß an ihrer Partnerschaft und dem Leben verloren? Wie dem auch sei.

Was können Claudia und Jürgen tun, um wieder zufriedener zu werden und die Lebensfreude zurückzugewinnen?

Erst einmal müssen sie sich von gegenseitigen Schuldzuweisungen im Sinne des „Wenn-dann-Syndroms" verabschieden. „Hätte, wäre, wenn" als Vergangenheitsbewältigung hilft ihnen nicht mehr weiter. Sie müssen in die Zukunft schauen und potenzialorientiert nach vorne blicken.

Dann müssen sie ihre Lebensziele neu definieren. Diese neuen Ziele müssen nicht nur realistisch sein, sondern vor allen Dingen von beiden getragen werden. Für Jürgen und Claudia bedeutet das sicherlich den Abschied von dem Motto „Schneller, höher, weiter". Sie werden ihre Partnerschaft nur retten können, wenn sie gemeinsam an gemeinsamen Zielen arbeiten. Diese neuen Ziele werden dadurch, dass sie realistisch sind und zur Identifikation einladen, auch die Motivation der beiden wieder stärken.

Wenn Claudia und Jürgen ihre Ziele festlegen, sollten sie einen kritischen Blick auf die Welten werfen, in denen sie leben. Jeder für sich sollte sich die Schatzkarte seines Ichs, die seines Privatlebens, die der Professionswelt und natürlich die der gesellschaftlichen Rahmenbedingungen anschauen. Zusammen sollten sie Gemeinsamkeiten herausarbeiten und Zukunftsszenarien für eine gemeinsame Welt entwickeln.

So wird ihnen vielleicht klar, wie sie die Balance ihres Lebens wiederherstellen können. Sicherlich werden sie auch darüber reden müssen, wo sie sich gegenseitig vernachlässigt haben und welche für sie wichtigen Themenfelder in ihrem Leben an Bedeutung verloren haben. Hier werden sie auch in die Welt ihrer Erwartungen eintauchen. Sie sollten die Erwartungen neu formulieren, die sie an sich selbst, aneinander, aber auch an ihre Zukunft haben.

Gehen sie diesen Weg konsequent weiter, werden Claudia und Jürgen durch die Reflexion und die Neudefinition von Zielen, Erwartungen und Rahmenbedingungen den Grad ihrer Selbststeuerung wieder erhöhen können. Was sie dann vielleicht auch sehen, ist, dass Vielfalt nicht immer „mehr" bedeutet, sondern manchmal nur „anders", dass ein Schritt zurück durchaus ein Schritt nach vorn sein kann und ein positiver potenzialorientierter Blick in die Zukunft besser ist als ein defizitorientierter in die Vergangenheit.

Wenn unsere beiden Protagonisten dann auch noch einen Blick auf ihre Lebensphasen werfen und sich Gedanken darüber machen, wie sie notwendige und unabdingbare Übergänge aktiv gestalten können, haben sie vielleicht auch wieder eine gute gemeinsame Zukunft vor sich. Es ist aber viel zu tun!

Wir hoffen, wir haben Ihnen ein Stück weit näher bringen können, dass Zufriedenheit nichts ist, was einem einfach so in den Schoß fällt. Um Lebenszufriedenheit zu erlangen, muss man viel tun. Oder auch viel lassen!

Auf jeden Fall muss man mit sich selbst, mit seinen Zielen und Erwartungen im Reinen sein. Zu-*Frieden*-heit bedeutet, in Frieden mit sich selbst zu leben. Dieser Frieden kann sich nur einstellen, wenn man fest an sich glaubt, wenn man die Rahmenbedingungen, in denen man lebt, realistisch einschätzt und wenn man sein Umfeld und seine Umwelt als ein Spielfeld betrachtet, auf dem es nach gewissen Regeln zu spielen gilt.

Über eines haben wir bislang noch nichts geschrieben: über das Lachen! Wir haben Spaß, den Spaßfaktor erwähnt, aber nicht explizit das Lachen.

Charlie Chaplin hat sich geradezu berufsbedingt mit diesem angeborenen Ausdrucksverhalten des Menschen auseinandergesetzt. Er hat gesagt:

„Ein Tag ohne Lachen ist ein verlorener Tag."

Und natürlich hat Chaplin recht! Lachen ist gesund, Lachen macht schön, Lachen steckt an und Lachen brauchen wir nicht zu lernen. Lachen macht zufrieden!

Wir freuen uns, wenn wir Ihnen dabei helfen konnten und können, zufriedener und glücklicher Ihr Leben zu leben. Möge es noch lange dauern!

LITERATUR

- André, Christophe / Lelord, François: Die Kunst der Selbstachtung. Berlin 2008.

- Auhagen, Ann Elisabeth (Hrsg.): Positive Psychologie. Basel 2004.

- Berne, Eric: Spiele der Erwachsenen. Hamburg 2004.

- Cassens, Manfred: Work-Life-Balance. München 2003.

- Cobaugh, Heike / Schwerdtfeger, Susanne: Work-Life-Balance. München 2003.

- Corssen, Jens: Der Selbstentwickler. Wiesbaden 2004.

- Csikszentmihalyi, Mihaly: Flow im Betrieb. New York 2003.

- Csikszentmihalyi, Mihaly: Flow – Das Geheimnis des Glücks. Stuttgart 2007.

- Dahrendorf, Ralf: Homo Sociologicus. Wiesbaden 2006.

- Drosdowski, Günther: Motivation. In: Meyers Enzyklopädisches Lexikon. Mannheim 1980.

- Grün, Anselm: Das kleine Buch vom wahren Glück. Freiburg 2001.

- Guardini, Romano: Die Lebensalter. Ihre ethische und pädagogische Bedeutung. Mainz 2001.

- Gührs, Manfred / Nowak, Claus: Trainingshandbuch zur konstruktiven Gesprächsführung. Meezen 2008.

- Helfrecht, Manfred: Lust auf Zukunft. Bad Alexandersbad 2001.

- Helfrecht, Manfred: Zukunft gestalten. Ziele erreichen. Bad Alexandersbad 2004.

- Kautzmann, Gabriele: Das Wunder im Kopf. München 1999.

- Klare, Jean / Swaaij, Louise von: Atlas der Erlebniswelten. Frankfurt 2000.

- Koal, Iris: Managing Gender & Diversity. Münster 2001.

- Koal, Iris / Buchhagen, Verena / Höher, Friedericke: Vielfalt statt Leit(d)kultur. Münster 2002.

- Lelord, François: Hectors Reise. München 2004.

- Lundin, Stephen C. / Paul, Harry / Christensen, John: Fish!. Wien/Frankfurt 2001.

- Marx, Karl: Das Kapital. Köln 2007.

- Maslow, Abraham H.: Motivation und Persönlichkeit. Stuttgart 1969.

- Schmid, Bernd: Systemische Professionalität und Transaktionsanalyse. Bergisch Gladbach 2003.

- Seligmann, Martin E. P.: Der Glücks-Faktor. Bergisch Gladbach 2007.

- Sprenger, Reinhard K.: Mythos Motivation. Frankfurt 1993.

- Sprenger, Reinhard K.: Das Prinzip Selbstverantwortung. Frankfurt 1995.

- Sprenger, Reinhard K.: Die Entscheidung liegt bei Dir! Frankfurt 2003.

- Stollenreiter, Marc / Völgyfy, Johannes: Selbstdisziplin. Offenbach 2001.

- Strackbein, Rita / Strackbein, Dirk: Ergebnisorientiert delegieren. Wiesbaden 2002.

- Strackbein, Rita / Strackbein, Dirk: Führen mit Power. Wiesbaden 2004.

- Vester, Frederic: Die Kunst vernetzt zu denken. München 2002.

- Zur Bonsen, Matthias / Maleh, Carole: Appreciative Inquiry. Basel 2001.

STICHWORTVERZEICHNIS

DIE AUTOREN

Gabriele Haas

... absolvierte das Studium der Betriebswirtschaft mit den Schwerpunkten Marketing, Organisations- und Personalentwicklung. Sie sammelte Erfahrungen als Führungskraft in Industrie, Handel und einem Verlagshaus. Heute ist sie tätig als Beraterin und Trainerin mit den Schwerpunkten Vertrieb, Führung, Gestaltung von Veränderungsprozessen und Konfliktmoderation. Ihr Motto: „Wo ein Wille, ist auch ein Weg!"

Kontakt: haas@diskurs-haas.at

Rita Strackbein

... arbeitete nach dem Studium der Wirtschaftswissenschaften mit dem Schwerpunkt Personal- und Organisationsentwicklung als Trainerin für ein Schweizer Trainingsinstitut, bevor sie sich im Jahre 1993 als Beraterin und Trainerin selbstständig machte. Ihre Trainings- und Beratungskompetenz hat sie in den Bereichen Führung, Coaching, Prozessbegleitung, Motivation und Konfliktmediation. Ihr Motto: „Love it, change it, or leave it!"

Kontakt: rita.strackbein@diskurs.net

Dirk Strackbein

... sammelte nach dem Studium der Wirtschaftswissenschaften mit dem Schwerpunkt Konsum und Marketing Berufserfahrung in verschiedenen Führungspositionen der Pharmaindustrie, bevor er sich als Trainer, Berater und Coach selbstständig machte. Seine Beratungs- und Trainingsschwerpunkte sind Führung, Motivation, Kommunikation und Gestaltung von Veränderungsprozessen. Sein Motto: „Ein Tag ohne Lachen ist ein verlorener Tag!"

Kontakt: dirk.strackbein@diskurs.net

Durch Fortbildungen am Institut für systemische Beratung in Wiesloch, wo Rita Strackbein auch als Lehrtrainerin tätig ist, arbeiten die Autoren in der Beratung und im Coaching nach systemischen Grundsätzen.